L'Art d'être heureux

ÉTONNANTS • CLASSIQUES

L'Art d'être heureux

Présentation, notes, dossier, cahier photos et modernisation du texte de Saint-Lambert par JOHANNA PERNOT

Flammarion

Le siècle des Lumières
dans la même collection

BERNARDIN DE SAINT-PIERRE, *Paul et Virginie*
DIDEROT, *Entretien d'un père avec ses enfants*
Jacques le Fataliste
Supplément au Voyage de Bougainville
LES LUMIÈRES (anthologie)
MONTESQUIEU, *Lettres persanes*
PRÉVOST, *Manon Lescaut*
ROUSSEAU, *Les Confessions*
Trois Contes philosophiques (*Madame de La Carlière* de Diderot, *Ziméo* de Saint-Lambert, *Histoire des voyages de Scarmentado* de Voltaire)
VOLTAIRE, *Candide*
L'Ingénu
Jeannot et Colin. Le monde comme il va
Micromégas
Zadig

ISBN : 978-2-0813-1390-3
ISSN : 1269-8822
N° d'édition : L.01EHRN000404.N001
Dépôt légal : mars 2017

SOMMAIRE

L'Art d'être heureux

PRÉSENTATION

Le contexte historique : les Lumières

Entre un XVIIe siècle réglé par le goût, la morale et la raison, et un XIXe siècle où éclatent les passions [1], les excès et les frustrations des rebelles romantiques, entre une pensée théologique fondée sur la toute-puissance de l'Église catholique et une pensée positiviste animée par une foi absolue dans le progrès et la science, le siècle des Lumières fait figure de transition. Mais qu'est-ce que les Lumières, comment comprendre cette métaphore ?

La période des Lumières s'étend sur trois générations, de 1715 à la Révolution française, dans un contexte politique européen qui marque le recul de la monarchie absolue de droit divin, tandis que la bourgeoisie économique, plus riche et plus puissante grâce à l'essor du libre commerce et du marché, s'affirme face à l'aristocratie déclinante. En France, la mort de Louis XIV (1638-1715) desserre l'étau du pouvoir royal et de l'austérité morale et religieuse imposée par la dernière de ses favorites, Mme de Maintenon (1635-1719). Pendant la régence du duc

1. *Passions* : au XVIIIe siècle, les passions ne sont pas seulement amoureuses mais désignent plus généralement les « mouvements de l'âme », les émotions, telles que le désir, l'espérance, la crainte, etc.

d'Orléans (1715-1723), le libertinage fleurit, avec son lot de jeux d'argent, de plaisirs et de divertissements. Cette libération des mœurs va de pair avec une libération des idées.

Déjà, en 1685, la révocation de l'édit de Nantes, qui interdit le culte de l'Église réformée et provoque l'exil de 300 000 protestants, avait lancé le débat sur la tolérance : doit-on, au nom du précepte « un roi, une loi, une foi », condamner ceux qui professent une autre croyance ? Les hommes peuvent-ils décider individuellement de leur salut en conscience ? Rarement athées, les philosophes qui discutent ces idées sont souvent partisans du déisme, d'une « religion naturelle » qui n'a cure des préceptes et commandements religieux mais reconnaît l'existence d'un Être suprême, d'un Dieu à l'origine de toute chose. Liberté, justice, égalité, tolérance : les philosophes des Lumières, membres le plus souvent de la bourgeoisie, militent en faveur d'idéaux qui s'incarnent dans la dénonciation des abus de l'Église catholique et du système judiciaire, des privilèges de la noblesse, ou encore de l'esclavage.

Récupérant à leur compte la métaphore antique de la lumière [1] comme connaissance et vérité, les philosophes Montesquieu [2], Diderot [3], Rousseau [4] et Voltaire font du combat

---

1. *La métaphore antique de la lumière* : chez le philosophe Platon (v. 428-348 av. J.-C.), la vérité est associée à la lumière : « La connaissance et la vérité, il est juste de penser qu'elles sont, comme la lumière et la vue, semblables au Soleil dans le monde visible » (*La République*, livre VI).

2. *Montesquieu* (1689-1755) : juriste de formation, l'auteur du roman épistolaire *Lettres persanes* (1721), qui critique avec ironie la société et la politique françaises, défend dans *De l'esprit des lois* (1748) le principe de la séparation des pouvoirs exécutif, législatif et judiciaire.

3. *Denis Diderot* (1713-1784) : philosophe athée et matérialiste, il est à l'origine de l'*Encyclopédie* avec son ami d'Alembert (voir note 1, p. 9), écrit des drames bourgeois pour le théâtre, invente la critique d'art et révolutionne le roman avec *Jacques le fataliste et son maître* (1796).

4. *Jean-Jacques Rousseau* (1712-1778) : auteur de traités moraux et politiques, il développe l'hypothèse de l'état de nature selon laquelle l'homme,

contre les ténèbres et l'ignorance leur programme. Pour eux, le flambeau de la raison doit dissiper l'obscurantisme dans lequel sont plongés les hommes. L'éducation, en éclairant le peuple et en développant son esprit critique, le fera sortir de sa passivité et le libérera de ses préjugés. Emblématique de cette diffusion des savoirs, l'*Encyclopédie* de Diderot et d'Alembert[1] ne se contente pas de faire la somme des connaissances techniques et scientifiques de l'époque : il s'agit d'une colossale machine de guerre qui, au cours des vingt ans que dure la publication controversée de ses vingt volumes (1751-1772), permet aux philosophes de contourner la censure pour remettre en question la société de l'Ancien Régime et exprimer leurs idées. Bien plus que de simples définitions, les articles regroupés permettent aux encyclopédistes de développer leurs points de vue sur une variété de sujets. La critique de l'autorité royale, à laquelle se livre Diderot dans son article « Autorité politique », se prolonge dans la proposition d'un modèle idéal, où gouvernants et gouvernés seraient liés par un contrat. Toutes ces revendications aboutissent à la Révolution de 1789 et à la *Déclaration des droits de l'homme et du citoyen*, qui, bien qu'élaborée avec le souci de l'intérêt général, affirme la liberté individuelle et le droit au bonheur.

---

naturellement bon, est corrompu par la société. Ses écrits, affranchis du carcan des règles classiques, laissent libre cours à ses sentiments et émotions et annoncent la sensibilité romantique.

1. *Jean Le Rond d'Alembert* (1717-1783) : philosophe et brillant mathématicien, il a initié avec Diderot la publication de l'*Encyclopédie*, dont il a rédigé le *Discours préliminaire* et de nombreux articles scientifiques.

Trois destins croisés

Mme du Châtelet (1706-1749)

C'est au terme d'une vie exceptionnelle qu'Émilie du Châtelet, née Gabrielle Émilie Le Tonnelier de Breteuil, laisse à la postérité son unique œuvre littéraire : le *Discours sur le bonheur*. Dès l'enfance, son père, très ouvert d'esprit, veille à lui assurer une éducation humaniste interdite normalement aux filles. Elle apprend avec une grande facilité le latin, le grec, les langues étrangères, la danse, le chant, le clavecin, le cheval... ainsi que les sciences, pour lesquelles la jeune Émilie se passionne et montre de rares prédispositions. Clairaut, Wolff, Euler, Newton [1] : plus tard, elle dialoguera avec les plus éminents savants de France et d'Europe sur les grandes questions physiques et mathématiques de son temps.

Mais « la divine Émilie », comme l'appelle Voltaire, n'est pas qu'un pur esprit. Elle est aussi une femme libre, qui, bien que mariée à un militaire dont elle aura trois enfants, vit plusieurs liaisons et ne se préoccupe guère des préjugés de son époque. Son mari, ébloui par son intelligence et le plus souvent absent, la laisse faire tant que les apparences sont sauves. En 1730, elle quitte Semur-en-Auxois dont son époux est gouverneur pour regagner Paris. Elle peut de nouveau s'adonner à la vie mondaine qu'elle avait goûtée à Versailles et chez son père, et prendre des cours particuliers auprès du célèbre mathématicien Maupertuis (1698-1759), dont elle devient brièvement la maîtresse. En 1733, chez la duchesse de Saint-Pierre, elle rencontre

---

1. *Alexis Claude Clairaut* (1713-1765), *Christian Wolff* (1679-1754), *Leonhard Euler* (1707-1783), *Isaac Newton* (1642-1727) : savants et scientifiques européens.

celui qui deviendra le grand amour de sa vie : Voltaire, avec qui elle s'affiche à la cour et dans tous les lieux de plaisir de la capitale. Le philosophe, au retour de son exil en Angleterre, publie ses *Lettres philosophiques* (1734) : en faisant l'éloge enthousiaste du parlementarisme anglais, il critique implicitement la monarchie française. L'ouvrage est condamné et Voltaire doit fuir Paris : Mme du Châtelet l'invite chez elle, dans son château de Cirey, près de la frontière de Lorraine (voir p. 40). La marquise brave tout pour Voltaire : elle renonce à Paris, à sa famille et à sa réputation pour vivre pendant cinq ans un tête-à-tête aussi heureux que studieux avec son illustre amant. C'est à Cirey en effet qu'elle initie Voltaire à Newton[1] et Leibniz[2]. Entourés de livres, de compas et d'instruments de toutes sortes, les deux « philosophes voluptueux », pour reprendre une expression de Voltaire, se livrent le jour à leurs expérimentations. Le soir, ils conversent avec les esprits éclairés de l'époque, chantent des airs d'opéra et jouent des pièces de théâtre. Quand Voltaire décide de participer en 1738 au concours de l'Académie des sciences qui porte sur la nature du feu et sa propagation, il peut compter sur Émilie du Châtelet pour le seconder. Mais, progressivement en désaccord avec ses hypothèses, la marquise décide à son tour de tenter sa chance de manière anonyme, et rédige son propre mémoire la nuit, en cachette. Les deux savants auront la joie de voir chacun leur essai publié ; du jamais vu pour une femme au XVIIIe siècle ! Cette marque de reconnaissance encourage Émilie à poursuivre ses

1. *Isaac Newton* : mathématicien et physicien anglais connu notamment pour avoir décrit la loi universelle de la gravitation et formulé les trois lois universelles du mouvement dans son ouvrage *Principes mathématiques de la philosophie naturelle* (1687).
2. *Gottfried Wilhelm Leibniz* (1646-1716) : mathématicien et philosophe allemand.

recherches. En 1740, elle publie les *Institutions de physique*, qui, malgré les médisances misogynes ou jalouses de son entourage, lui valent une renommée internationale. Au terme d'un labeur acharné, la marquise traduit et commente les hermétiques *Principes mathématiques* de Newton, version qui a très longtemps fait autorité et a favorisé l'avancée des sciences en France.

Mais depuis 1740, l'amour de Voltaire a tiédi, et il saisit toutes les occasions de prendre le large. Au bout de dix années, si la complicité et l'admiration intellectuelles demeurent, la passion est morte. Le philosophe s'affiche avec d'autres conquêtes, tandis qu'Émilie se consolera dans les bras d'un officier de dix ans son cadet : Jean-François de Saint-Lambert. Cette ultime liaison s'achève tragiquement : à quarante-deux ans, la marquise, tombée enceinte, meurt en couches, laissant au monde une petite fille qui ne lui survivra pas. « Le caractère propre de Mme du Châtelet était d'être extrême en tout », écrivit d'elle l'abbé Raynal[1], peu après sa mort. Si elle s'est effectivement consumée dans les plaisirs de la chair et du jeu, la marquise a su aussi jeter ses forces vives dans le travail et l'étude. La traduction de Newton, à laquelle elle a consacré les dernières années de sa vie, et, aujourd'hui, son *Discours sur le bonheur* lui assurent une postérité incontestée.

Voltaire (1694-1778)

On ne présente plus son illustre et impertinent amant, François Marie Arouet dit Voltaire, grand pourfendeur de l'obscurantisme religieux et des abus de pouvoir au XVIIIe siècle, figure par excellence de l'intellectuel engagé. Très jeune, il brille dans les salons où il séduit par son esprit insolent. Ses pamphlets contre

---

1. *L'abbé Raynal* (1713-1796) : prêtre, écrivain et historien français, qui défendit farouchement la liberté et les droits de l'homme.

le Régent, puis une dispute humiliante avec le chevalier de Rohan qui fait bastonner ce bourgeois par ses laquais, lui valent par deux fois la Bastille et un exil en Angleterre, où la liberté d'expression et la fréquentation des intellectuels l'encouragent à développer une philosophie réformatrice. À côté de ses vers et de ses tragédies à succès, comme *Œdipe* (1718) ou *Zaïre* (1732), il dénonce le fanatisme religieux, qu'il surnomme « l'Infâme », dans son poème épique *La Henriade* ou plus tard dans son *Traité pour la tolérance*. Le philosophe déiste reconnaît l'existence nécessaire de Dieu, « grand horloger » de l'univers. Mais la nature de cet Être suprême est selon lui inaccessible à l'intelligence humaine. Par conséquent, les religions qui prétendent savoir comment l'honorer et condamnent tout écart aux principes édictés sont dans l'erreur. Seul remède au fanatisme et à toutes les dérives, « l'esprit philosophique » doit être répandu sur la Terre. Voltaire s'y emploie avec ses contes, ses essais et son *Dictionnaire philosophique portatif* (1764), que condamne le parlement de Paris. Parfois en faveur auprès du roi Louis XV dont il devient l'historiographe en 1746, mais le plus souvent en disgrâce, en raison de ses écrits critiques et libertaires, Voltaire vit entre la cour et différentes retraites, comme Cirey, qu'il fait restaurer à ses frais, la cour prussienne de Potsdam où l'appelle l'empereur Frédéric II désireux de bénéficier de ses lumières, Genève, ou bien, à partir de 1760, son domaine de Ferney. Là, tout près de la frontière suisse, le patriarche continue d'écrire, reçoit les grands esprits d'Europe et use de sa notoriété pour défendre les innocentes victimes de l'intolérance religieuse, comme Calas, Sirven ou le chevalier de La Barre[1]. À son retour à Paris en 1778, après vingt-huit ans d'absence, il est accueilli

---

1. *Calas, Sirven ou le chevalier de La Barre* : affaires judiciaires mettant en cause des personnes accusées de blasphème (le chevalier de La Barre) ou soupçonnées d'avoir assassiné leurs enfants pour éviter qu'ils soient convertis au

triomphalement, même s'il n'est pas reçu à la cour de Versailles. Il meurt la même année.

Saint-Lambert (1716-1803)

On connaît moins l'œuvre de l'officier et poète lorrain Jean-François de Saint-Lambert. Né à Nancy dans une famille noble mais désargentée, Saint-Lambert fait, comme Voltaire, ses études chez les jésuites avant d'embrasser une carrière militaire auprès de Stanislas, futur beau-père de Louis XV et roi éphémère de Pologne. À cette époque, la Lorraine n'est pas encore française. Le capitaine, très bien accueilli à la petite cour de Stanislas, écrit des vers qui plaisent aux dames. C'est à Lunéville qu'il fait la rencontre de Voltaire puis de Mme du Châtelet, dont il deviendra l'amant. À la mort tragique de cette dernière au château de Lunéville, Stanislas ordonne en son honneur des funérailles nationales. Voltaire, très affecté, récupère ses biens et ses papiers à Cirey puis rejoint Paris, tout comme Saint-Lambert qui s'engage dans l'armée française où il obtient, après la victoire de Hanovre sur les Anglais en 1757, le grade de colonel. Peu après, diminué par une attaque de paralysie, il renonce à sa carrière militaire pour se consacrer à la poésie. Il fréquente assidûment les salons de Mmes d'Épinay, de Lespinasse, du Deffand, qui invitent chez elles écrivains et penseurs comme Diderot, d'Alembert, Marmontel (1723-1799), Rousseau… Ami des philosophes, il est marqué par le sensualisme d'Helvétius (1715-1771), selon lequel toute connaissance résulte de l'expérience des sens. Ce matérialisme se ressent dans les articles qu'il écrit anonymement pour l'*Encyclopédie*. Auteur d'un *Essai sur le luxe* et de plusieurs contes, Saint-Lambert connaît subitement la

---

catholicisme. Voltaire est intervenu dans ces affaires très médiatiques pour plaider la cause des accusés et dénoncer les abus de la justice.

gloire en 1769 avec *Les Saisons*, un poème inspiré de l'Anglais James Thomson (1700-1748). Considéré par Voltaire comme un chef-d'œuvre de la poésie descriptive, ce long poème didactique[1] lui ouvre en 1770 les portes de l'Académie française. En 1789, le marquis représente la Lorraine aux états généraux mais, ennemi des idées révolutionnaires, il se retire à Eaubonne chez sa maîtresse de longue date, Sophie d'Houdetot, avec qui il demeurera jusqu'à sa mort.

Genèse des trois textes

Les deux premiers textes de ce recueil, *Discours sur le bonheur* de Mme du Châtelet et *Memnon ou la Sagesse humaine* de Voltaire, ont été rédigés presque à la même période, par deux amants qui, en dépit de leur rupture amoureuse et de leurs divergences intellectuelles, partageaient les mêmes interrogations.

Contrairement aux autres essais qui fleurissent à l'époque, le ***Discours sur le bonheur*** n'a pas été écrit dans le but d'être publié. Cela explique sans doute la sincérité du ton employé : si, dans un premier temps, la marquise du Châtelet livre ses réflexions et ses conseils pour vivre heureux, l'amante frustrée et trompée par Voltaire s'abandonne ensuite aux confidences. La seconde moitié du texte, fortement marquée par cette déception amoureuse, se révèle particulièrement touchante. Mme du Châtelet y dévoile un cœur blessé mais dévoué, qui « aimai[t] pour deux[2] ». On estime ainsi la rédaction du *Discours* entre

1. *Didactique* : qui a l'objectif d'instruire, d'enseigner.
2. Voir *Discours sur le bonheur*, p. 65.

1746 et 1747 [1], soit après la désillusion amoureuse avec Voltaire et avant la rencontre avec Jean-François de Saint-Lambert. Ce dernier, en possession du manuscrit à la mort de sa maîtresse, attendra la mort du mari et de l'amant pour le publier, en 1779. On s'étonnera de l'actualité et de la modernité de ce discours : par sa liberté et son audace, Émilie du Châtelet ressemble, à bien des égards, aux jeunes filles et aux femmes d'aujourd'hui.

Le conte de *Memnon* [2], quant à lui, porte l'empreinte de son époque. Depuis 1743, avec la mort du Premier ministre Fleury qui gouvernait depuis presque vingt ans, la France connaît une période d'instabilité politique : plusieurs partis cherchent à prendre l'ascendant sur le roi, dont les frères d'Argenson, anciens amis de collège de Voltaire qui lui permettent de rentrer en grâce après des années d'exil. 1745 marque l'avènement à la cour de Mme de Pompadour, favorite de Louis XV et favorable aux idées nouvelles. L'auteur des *Lettres philosophiques* espère alors éclairer et infléchir la politique du monarque, qui reste méfiant à l'encontre du philosophe. Cet espoir et cette désillusion transparaissent dans *Memnon* : le héros, qui fait appel à la justice du roi, se voit trahi par l'un de ses subalternes. Se profile comme dans *Zadig* l'image d'un souverain qui, à l'instar de Louis XV à la fin de son règne, néglige les affaires du royaume pour ses passions et ses plaisirs personnels. Mais ce conte, en apparence léger, ne se limite pas à une satire du roi et de la cour.

Memnon est imprimé en 1749, dans le *Recueil de pièces en vers et en prose par l'auteur de la tragédie de Sémiramis* : la périphrase pour désigner Voltaire met en avant le genre noble de la tragédie. En effet, l'auteur du *Crocheteur borgne* (1715) a

1. Pour une datation exacte, voir la préface de Robert Mauzi au *Discours sur le bonheur*, Paris, Société des Belles Lettres, 1961.

2. *Memnon* : il faut attendre l'édition de 1756 pour voir apparaître le titre complet *Memnon ou la Sagesse humaine*.

composé dès sa jeunesse plusieurs contes, mais les a gardés dans ses tiroirs ou les a imprimés sous un nom d'emprunt, y voyant plus un exercice plaisant, une façon de se délasser, qu'une œuvre littéraire à part entière. Voltaire pensait assurer sa postérité grâce à ses œuvres en vers. Ironie du sort, ce sont ses petits contes, conçus pour divertir ses hôtes et ses correspondants, qui sont le plus lus aujourd'hui. Sur ce point, les histoires de l'homme de lettres et de son héros se rejoignent, attestant qu'il est illusoire de vouloir garder prise sur son destin. Entre 1748 et 1749 [1], au moment où il rédige son *Memnon*, Voltaire traverse une période difficile. Il a essuyé un échec avec sa tragédie *Sémiramis* ; Émilie du Châtelet, après son discours sur les dangers des passions, perd la tête pour le jeune et séduisant Saint-Lambert, Voltaire lui-même rougit de son amour pour sa nièce, avec qui il entretient une liaison depuis quelques années. Menacé par la maladie et l'exil, le philosophe remet en question l'optimisme qu'il a jusqu'ici professé avec constance et légèreté, notamment dans son poème « Le Mondain [2] », qui fit avec scandale l'apologie du luxe et d'un bonheur matérialiste. Ce revirement caractérise aussi *Memnon*, qui montre que les principes abstraits des philosophes sont démentis par nos actions et en appelle à une certaine lucidité. En cela, les quelques vers de l'« Avertissement de l'auteur », qui précèdent le conte et rappellent l'entame du *Discours sur le bonheur*, résument parfaitement l'intrigue et l'enseignement délivré :

Nous tromper dans nos entreprises,
C'est à quoi nous sommes sujets ;

---

1. La datation et les remarques sur la genèse de *Memnon* s'appuient sur la notice rédigée par Jacques Van den Heuvel pour la collection de la « Bibliothèque de la Pléiade » (Gallimard, 1979).
2. Voir dossier, p. 133.

Le matin je fais des projets,
Et le long du jour, des sottises [1].

Publié pour la première fois dans la *Gazette de l'Europe* en 1765, *Sara Th...* est présenté comme une nouvelle traduite de l'anglais. Saint-Lambert n'échappe donc pas à la pratique, fort répandue au XVIIIe siècle, qui vise à dissimuler la paternité d'une œuvre en l'attribuant à un auteur fictif. Il s'agit aussi de donner plus de crédit et d'authenticité à un récit qui se déroule dans un pays de langue anglaise. Après le succès de ses deux poèmes « Le Matin » et « Le Soir » l'année précédente, Saint-Lambert conforte sa renommée avec *Sara Th...*, bien accueilli par la critique. Le texte est ensuite édité en 1769 au sein du recueil *Les Saisons*, qui s'ouvre sur le poème éponyme. Du poème aux contes, on retrouve le même souci didactique et le même culte de la nature, lieu du bonheur et de l'innocence. En ouverture du recueil, un « Discours préliminaire » expose des idées et des motifs que l'on retrouve dans *Sara Th...* « Élevé à la campagne dans un pays peuplé d'heureux cultivateurs », Saint-Lambert confie en effet qu'il n'a vu dans son « enfance que des objets champêtres et des hommes contents de leur état », ainsi que « les révolutions, les phénomènes, les beautés, les bienfaits de la Nature » [2]. Le poète exprime son désir de peindre le paysage et ses couleurs, les soirs et les matins, les récoltes. Renouant avec un thème cher à Jean-Jacques Rousseau, il appelle à un retour à la nature dont le citadin pourra savourer le bonheur simple, après s'être lassé du luxe et des divertissements mondains. Saint-Lambert rêve d'une noblesse qui, au lieu d'être à la guerre ou d'occuper un emploi à la ville, cultiverait ses terres.

1. « Avertissement de l'auteur », *Memnon ou la Sagesse humaine.*
2. « Discours préliminaire », *Sara Th...*

Aussi dit-il préférer aux paysans pauvres, donc exposés aux vices, la peinture des laboureurs aisés, « qui ont des mœurs. Ce sont, dit Cicéron [1], des Philosophes auxquels il ne manque que la théorie ; la peinture de leur état et de leurs sentiments doit plaire à l'homme de goût, c'est-à-dire l'honnête homme éclairé et sensible [2] ». On peut aisément reconnaître dans ces portraits le narrateur de *Sara Th...* et les époux Philips, protagonistes principaux du conte. Mais en faisant de ces derniers des lecteurs cultivés et nobles, des philosophes qui savent théoriser, Saint-Lambert va plus loin. Il peint un couple idyllique et idéal, le tableau qu'il a rêvé : celui de « gentilshommes champêtres », sages et heureux, loin des vices de la ville et de ses occupations frivoles.

Les genres argumentatifs au XVIIIe siècle

Si les trois textes rassemblés dans ce recueil proposent une réflexion sur des thèmes connexes, notamment les moyens d'atteindre le bonheur, les formes littéraires et les tons employés diffèrent.

De l'essai au discours

Genre privilégié par Mme du Châtelet dans son *Discours sur le bonheur*, l'essai montre une réflexion en train de se construire.

1. *Cicéron* (106-43 av. J.-C.) : homme politique et auteur romain, célèbre pour ses discours et ses plaidoiries. Il reprend l'héritage d'Aristote dans son ouvrage de jeunesse *De inventione* (*De l'invention oratoire*).
2. « Discours préliminaire », *Sara Th...*

Inventé par le penseur humaniste Michel de Montaigne (1533-1592), célèbre pour ses *Essais* écrits à la fin du XVIe siècle, le nom est forgé à partir du latin *exagium*, qui signifie « épreuve, expérience, tentative ». Par l'acte d'écrire, Montaigne entend mettre à l'épreuve sa propre pensée, en la confrontant à celle d'autrui. Il exerce d'abord son sens critique sur ses lectures, qui sont souvent celles des philosophes et historiens grecs et romains, avant de l'étendre à tout ce qu'il observe, dans son propre corps et autour de lui. L'histoire, l'actualité, la mode, les vices, les maladies… chaque expérience lui permet de nourrir sa réflexion et de remettre en question les opinions toutes faites et les systèmes : tout savoir préétabli est soigneusement examiné et discuté avant d'être validé. En enquêtant sur lui-même, en se faisant sujet et objet de la connaissance, Montaigne fait profiter son lecteur de ses expériences et peint le genre humain, avec ses failles, ses doutes, ses contradictions. De ce fait, l'essai prend souvent l'apparence d'un discours fragmentaire, inachevé, parfois désordonné, qui requiert de la part du lecteur un effort de réflexion personnelle. S'il garde une structure lâche, c'est justement pour ne pas être autoritaire et pour laisser au lecteur la liberté de forger son propre jugement. On retrouve nombre de ces caractéristiques dans le *Discours sur le bonheur* de Mme du Châtelet, composé à la première personne avec une grande liberté de ton. Tout comme Montaigne, la marquise s'appuie sur des citations, des anecdotes, et surtout sur sa propre expérience – la gourmandise, le goût du jeu, les délices et les affres de la passion –, pour toucher et éclairer le lecteur. Autrement dit, ce n'est pas par égocentrisme que l'auteur parle en son nom, mais bien par volonté de transmettre le fruit de ses réflexions. Fidèle en cela à l'idéal des Lumières, la marquise appelle le lecteur à penser par lui-même et à tracer son propre chemin vers le bonheur.

Comme le laisse entendre son titre, l'œuvre de Mme du Châtelet tient aussi du discours, genre qui s'organise sous l'impulsion d'Aristote[1] puis de Cicéron, selon les principes de la rhétorique (l'art de la parole et de l'éloquence). L'ouvrage de Mme du Châtelet respecte ainsi globalement ses parties traditionnelles : exorde, proposition, confirmation, réfutation, péroraison. Dans son exorde, la marquise expose clairement et brièvement ses intentions : réfléchir aux moyens d'atteindre le bonheur. La proposition, qui correspond au troisième paragraphe, résume les conditions qu'elle juge favorables à cet état. Ces critères sont ensuite développés, complétés et discutés dans un discours délibératif qui fait la part belle aux goûts et aux passions. Enfin, la péroraison, au dernier paragraphe, conclut en récapitulant les moyens d'être heureux.

Le recours à la fiction

Cependant, la production du XVIIIe siècle ne se limite pas à des essais, des discours ou des articles organisés selon les lois de la logique et de la raison. À une époque d'intense créativité littéraire, Les auteurs des Lumières manifestent aussi du goût pour l'étrange et le merveilleux. Contrairement à Mme du Châtelet, Voltaire et Saint-Lambert préfèrent ainsi la forme de l'apologue et son argumentation indirecte pour exposer leur réflexion sur le bonheur.

Fable, conte ou parabole, l'apologue permet d'allier la forme plaisante d'un court récit à une réflexion ou une morale plus ou

1. *Aristote* (384-322 av. J.-C.) : philosophe grec, élève de Platon, auteur de la *Rhétorique*, qui expose les techniques d'argumentation de l'art oratoire.

moins explicite. Si le mot « fable » a d'abord désigné, comme le mythe, un récit *fabuleux*, inventé pour expliquer les grands mystères de l'univers et tout ce que l'homme ne pouvait élucider par la science, il prend, avec La Fontaine (1621-1695) notamment, une dimension didactique[1] et morale. Très proche de la fable avec laquelle il partage la même oralité ancestrale, le conte est un apologue qui plonge le lecteur dans le merveilleux. À la différence du registre fantastique, le merveilleux requiert l'adhésion immédiate du lecteur au monde extraordinaire où évolue le héros. Ce dernier, suivant un schéma narratif récurrent, doit compenser un manque ou un méfait initial par une série d'épreuves ou de combats qui lui permettront d'atteindre un état d'équilibre supérieur, à l'instar du Petit Poucet ou de Cendrillon. Mais, malgré les succès de Charles Perrault (1628-1703), le conte est considéré comme un genre mineur et frivole, qui s'écarte des règles classiques du bon goût et de la vraisemblance. Il connaît pourtant au XVIIIe siècle un véritable engouement, à une époque où l'essor des revues mondaines favorise la publication de formats brefs. Si alors le conte est encore synonyme de « nouvelle » (soit un récit court au schéma narratif simple, avec peu de personnages et un cadre spatio-temporel resserré) comme c'est fréquemment le cas chez Diderot, il s'inscrit souvent, justifiant ainsi son affinité avec le merveilleux, dans un cadre exotique. Saint-Lambert se tourne ainsi vers les espaces lointains de l'Amérique, de l'Afrique ou encore de l'Écosse avec *Sara Th...*, où le narrateur, déçu des villes européennes qu'il a jusqu'alors fréquentées, découvre comme par miracle « la patrie du bonheur et de la raison ».

Grand admirateur des *Mille et Une Nuits*, dont la traduction connaît à partir de 1711 un succès prodigieux, Voltaire invente le

1. *Didactique* : voir note 1, p. 15.

conte philosophique, influencé par le conte oriental et le roman picaresque[1]. L'absence de règle stricte laisse libre cours à l'imagination de l'auteur, qui mêle fantaisie et allusions à l'actualité pour illustrer une idée majeure. On retrouve les ressorts traditionnels du conte – sa simplicité, sa fantaisie, ses péripéties aussi abracadabrantes que nombreuses – pour faire réfléchir le lecteur et l'amener à tirer un enseignement de sa lecture. C'est ce que suggère Voltaire, lorsqu'un de ses personnages dans le conte philosophique *Le Taureau blanc* (1773) s'écrie : « Je voudrais surtout que, sous le voile de la fable, le conte laissât entrevoir aux yeux exercés quelque vérité fine qui échappe au vulgaire[2]. » Ainsi, les mésaventures vécues en une seule journée par Memnon révèlent l'hypocrisie, l'avidité, la malhonnêteté ou encore l'injustice de son entourage et des hommes en général. Comme souvent chez Voltaire, l'erreur dans laquelle se complaît le héros est suggérée dès le sous-titre : l'expression « la Sagesse humaine » laisse poindre l'ironie de l'auteur. Si la sagesse est synonyme de bonheur dans les philosophies antiques, celle-ci ne s'acquiert pas aussi facilement que le décrète le jeune Memnon. Théorie et pratique divergent ; de ce fait, la perfection n'est pas de ce monde.

---

1. Le roman picaresque décrit les aventures d'un héros populaire, qui traverse sans s'y fixer des mondes et des milieux variés. Bien souvent, le récit développe une critique sociale.
2. Voltaire, *Le Taureau blanc*, 1773.

Le bonheur : une idée à la mode

Jusqu'au XVIIIe siècle, la vie – terrestre et spirituelle – des Français était consacrée à Dieu et au roi. Avec la disparition de Louis XIV et les fêtes de la Régence, l'affaiblissement des valeurs morales et religieuses, combiné à la prospérité du pays, favorise l'essor de la conscience individuelle. Alors qu'au siècle classique, pour reprendre les mots de Blaise Pascal [1], « le moi est haïssable » et ne mérite pas d'expression publique, les Lumières osent revendiquer, à côté d'un engagement politique collectif, l'importance de l'individu et d'un destin personnel. C'est dans ce contexte que le révolutionnaire Saint-Just déclarera : « Le bonheur est une idée neuve en Europe [2]. »

Le thème du bonheur connaît alors un véritable engouement auprès des philosophes, dont témoigne la cinquantaine de traités et d'ouvrages qui lui sont dédiés, s'inspirant largement des philosophies de l'Antiquité, comme le stoïcisme [3] et l'épicurisme [4]. Selon la doctrine fondée par Zénon (v. 335-264 av. J.-C.),

---

1. *Blaise Pascal* (1623-1662) : mathématicien, physicien et penseur chrétien qui, dans ses *Pensées*, condamne la vanité et les illusions de l'amour-propre.
2. Extrait d'un discours prononcé par Saint-Just (1767-1794) le 3 mars 1794 devant les députés de la Convention.
3. *Stoïcisme* : école philosophique fondée au IIIe siècle av. J.-C. par Zénon de Cition, doctrine de l'acceptation et du courage (notamment devant la douleur), selon laquelle le bonheur est dans la vertu (voir note 1, p. 25).
4. *Épicurisme* : doctrine des disciples d'Épicure (v. 341-270 av. J.-C.), penseur grec de l'Antiquité dont la philosophie propose une morale rationnelle des plaisirs : se suffire à soi-même, se contenter de peu, ou encore se moquer du destin.

le bonheur peut être atteint par la vertu[1] et la sagesse, qui consistent à accepter les choses qui ne dépendent pas de nous, et à se défaire[2] des passions[3] et des jugements qui nous rendent malheureux. Pour être heureux, les stoïques prônent un courage raisonné, l'insensibilité délibérée de l'âme face à tout ce qui peut inutilement la troubler : les passions, les malheurs et la mort. Des penseurs comme Montesquieu ou Diderot reprennent à leur compte ce primat de la raison, qui permet d'appréhender et de maîtriser le monde. C'est d'ailleurs le vœu initial du jeune Memnon, dans le conte de Voltaire, qui se réveille un beau matin et fait le projet de freiner ses appétits. Pour Épicure, le bonheur se définit plutôt par la tranquillité de l'âme, l'absence d'inquiétude et de douleurs. Dans sa philosophie matérialiste, ni les dieux ni la mort qu'on ignore ne sont à craindre. Pour accéder à la quiétude de l'esprit, le sage doit donc limiter ses passions et ses désirs, sources de manque et de souffrance, non les refuser. On trouve des traces de cette philosophie chez Mme du Châtelet, qui conseille d'être vertueux et de se contenter de son état, et surtout dans le conte *Sara Th...* de Saint-Lambert, qui invite à savourer des plaisirs simples et mesurés, à goûter le repos.

Enfin, l'idée du bonheur au XVIIIe siècle emprunte à la morale chrétienne : le mythe biblique du jardin d'Éden inspire l'utopie d'un état de nature dans lequel l'homme, heureux et innocent, ne serait pas encore corrompu par la société. Que ce soit chez Rousseau, avec le mythe du bon sauvage, ou dans les peintures de Watteau (1684-1721) et de Fragonard (1732-1806), le motif

1. *La vertu* : le comportement d'un individu qui tend vers le bien, vers son devoir, et se conforme à un idéal moral ou religieux.
2. *Se défaire* : se libérer.
3. *Passions* : voir note 1, p. 7.

de l'idylle champêtre esquisse un idéal moral, poétique ou social. En négatif, c'est aussi le miroir critique de la société du XVIIIe siècle, intolérante et inégale.

Variations sur l'art d'être heureux

S'affranchir des préjugés

Si le *Discours sur le bonheur, Memnon ou la Sagesse humaine, Sara Th...* divergent dans leur forme et leur contenu, tous trois réfléchissent aux moyens d'atteindre le bonheur. « Hélas ! écrit Mme du Châtelet dans une lettre de 1734, on passe sa vie à faire le projet d'être heureux et on ne l'exécute jamais [1]. » Alors que Mme du Châtelet puise directement dans son expérience personnelle, Voltaire et Saint-Lambert ont recours à la fiction. Leurs personnages, à travers leurs rencontres et leurs conversations, acquièrent une expérience qui les incite à réfléchir, et le lecteur avec eux. Et à chaque fois, conformément aux idées des Lumières, les préjugés tombent. « Il faut, pour être heureux, s'être défait des préjugés [2] » : Mme du Châtelet en fait même la première condition de son *Discours*. « Opinion sans examen », « opinion sans jugement » selon Voltaire [3], le préjugé nous

1. Robert Mauzi, *L'Art de vivre d'une femme au XVIIIe siècle, suivi du Discours sur le bonheur de Mme du Châtelet*, Desjonquères, coll. « Esprit des lettres », 2008.
2. Voir *Discours sur le bonheur*, p. 46.
3. « Le préjugé est une opinion sans jugement » est la première phrase de l'article « Préjugé » extrait du *Dictionnaire philosophique portatif* (1764).

empêche de penser par nous-mêmes et donc d'être libres et heureux. Mme du Châtelet insiste tout particulièrement sur les préjugés de la morale et de la religion chrétiennes, qui condamnent les plaisirs terrestres[1] et invitent le pécheur à gagner son salut par la souffrance et le repentir[2]. Mais les préjugés ne sont pas seulement l'apanage de la religion. Croyants ou athées, nous sommes tous susceptibles d'idées préconçues. C'est ce que nous apprend le jeune Memnon. Personnage ridicule, figé dans ses principes au début du conte, il rappelle le docteur des comédies de Molière et annonce le Pangloss[3] de *Candide*. Mis à l'épreuve de son infortune, il ne faut pas plus d'une journée à l'apprenti-philosophe pour renoncer à « son petit plan de sagesse[4] » et devenir borgne. Du mythe antique d'Œdipe aux personnages voltairiens de Zadig ou de Pangloss, le motif de l'œil crevé est hautement symbolique. Œdipe, à la recherche du meurtrier de son père, se crève les yeux pour n'avoir pas vu qu'il avait tué son père et épousé sa mère. La découverte de la vérité, tragique, exige de renoncer aux yeux du corps qui nous trompent, nous égarent dans l'apparence et l'illusion. C'est au prix de son œil que Memnon peut s'affranchir de son exigence d'absolu et entrevoir la vérité sur les autres et sur lui-même. À cette condition seulement, lui confie son génie : « tu seras assez heureux, pourvu que tu ne fasses jamais le sot projet d'être parfaitement sage[5] ». C'est pour cette raison sans doute que Sara Th... et son mari Philips mènent une existence comblée.

1. *Plaisirs terrestres* : ici, plaisirs matériels.
2. *Repentir* : regret d'un péché, d'une faute.
3. *Pangloss* : ce personnage voltairien est une caricature du philosophe Leibniz, qui prétend que tout est au mieux malgré les malheurs qui s'abattent sur lui et les hommes. Voltaire s'en moque à plusieurs reprises dans le conte.
4. Voir *Memnon ou la Sagesse humaine*, p. 76.
5. *Ibid.*, p. 82.

Grande aristocrate, lectrice et philosophe qui a reçu de son père une éducation exceptionnelle, l'héroïne de Saint-Lambert rappelle de façon troublante son ancienne maîtresse, la femme éclairée qu'est la marquise du Châtelet, dont elle partage l'aversion pour les préjugés. Tout comme l'amante de Voltaire a fait fi des conventions et des médisances pour vivre une relation passionnelle dans son château retiré de Cirey, Sara n'a pas peur de renoncer à ses titres et à sa vie illustre pour s'installer secrètement à la campagne avec son ancien domestique. Dans les deux cas, le bonheur résulte de la liberté de choix : les deux femmes ont pris en main leur destin, se sont affranchies des préjugés et de la pression sociale pour façonner leur propre bonheur.

Tempérer ses passions [1]

Les trois auteurs réunis invitent à accorder une place importante à la satisfaction des désirs. « Les besoins physiques sont la source des plaisirs des sens », rappelle la marquise (p. 63), qui cite le plaisir de l'affamé à se nourrir, même d'un repas frugal. Sara Th... porte un grand soin à sa table, à la combinaison des mets, des assaisonnements, des parfums. Le partage des repas, du travail, mais aussi de la beauté apparaît essentiel chez Saint-Lambert, dont tous les personnages s'entretiennent des charmes de la nature, qui comble le goût, le toucher, l'odorat et la vue. L'épicurisme des personnages va de pair avec l'exercice de la vertu. En effet, tous les plaisirs ne doivent pas être recherchés : « Il faut être vertueux, parce qu'on ne peut être vicieux et heureux », explique Mme du Châtelet (p. 52). Les lectures et la

1. *Passions* : voir note 1, p. 7.

conversation de Sara et de son mari, ainsi que leur manière honnête et bienveillante de traiter leur entourage, semblent donner raison à la marquise. Par ailleurs, les trois œuvres du recueil montrent que pour être heureux il est préférable de modérer ses envies et de se contenter de son état. Si Émilie du Châtelet, Memnon et Sara Th... admettent que l'argent est le garant nécessaire de leur indépendance, tous font l'éloge de la mesure et des plaisirs simples.

Mais alors, que penser des passions condamnées par les moralistes ? Mme du Châtelet fait audacieusement dépendre notre bonheur des passions comme la gourmandise et va jusqu'à défendre, contre l'infortuné Memnon, la passion du jeu. « Notre âme veut être remuée par l'espérance ou la crainte ; elle n'est heureuse que par les choses qui lui font sentir son existence », écrit-elle (p. 62-63). Quant à la passion amoureuse, éclairée par son échec avec Voltaire, elle met en garde et incite à la lucidité : « Il faut [...] quitter l'amour [...] [quand] il cesse de nous rendre heureux » (p. 72). Les passions sont-elles donc bénéfiques ou dangereuses ? Nous laissons au lecteur le soin de se forger sa propre opinion.

Vivre au contact de la nature

Enfin, Saint-Lambert associe nature et bonheur. Un lieu à l'écart du monde, une nature aimable et riante, une communauté régie par des lois équitables, soucieuse du bien-être de chacun : la métairie de Sara Th... a tout d'une utopie champêtre, d'autant que l'été, pour l'auteur des *Saisons*, symbolise la perfection de la nature et la plénitude de l'homme. L'amour et l'innocence des Philips, l'abondance de leurs terres, l'harmonie qui règne ne sont pas sans rappeler le jardin d'Éden, où, comme s'en étonne le narrateur dans la bibliothèque, seraient parvenus les livres des meilleurs penseurs et poètes. Sara et Philips sont des maîtres éclairés et admirables, des philosophes sensualistes [1] : les porte-parole de Saint-Lambert. Et, à la différence d'un Memnon qui veut se cloîtrer dans sa chambre, ils savent que l'essence et la félicité de l'homme tiennent à la compagnie de ses semblables. Autour d'une table ou aux travaux des champs, les Philips cultivent l'art de la conversation et du partage : « Le bonheur appartient à ceux qui ont inventé un milieu entre la *solitude* et la *sociabilité*, sachant se tenir par rapport au monde à la bonne distance [2]. » Néanmoins, les utopies [3] au XVIIIe siècle ne servent pas seulement à exprimer les idéaux de leurs auteurs, elles permettent d'épingler au passage les vices de leur temps. Si le narrateur de *Sara Th...* se dit déçu de l'Europe, on n'en saura guère plus. Quant au conte philosophique de Voltaire, il permet au philosophe de dénoncer les travers de la société, de la corruption à la duperie et à la méchanceté, des amis comme des courtisans. Dans ce miroir on peut lire l'image inversée des qualités morales et sociales nécessaires au bonheur collectif.

---

1. ***Sensualistes*** : attachés, en pratique comme en théorie, aux plaisirs des sens, qui sont à l'origine de toute connaissance.
2. Robert Mauzi, *L'Idée du bonheur dans la littérature et la pensée françaises au XVIIIe siècle*, Librairie Armand Colin, 1979.
3. ***Utopies*** : conceptions d'une société future idéale.

CHRONOLOGIE

1685 1803

1685 1803

Repères historiques et culturels

Vie et œuvre de Mme du Châtelet, Voltaire et Saint-Lambert

Repères historiques et culturels

1685 Révocation de l'édit de Nantes, qui interdit le culte protestant.

1697 Bayle, *Dictionnaire historique et critique.*

1704 Début de la parution de la traduction des *Mille et Une Nuits.*

1710 Leibniz, *Essais de théodicée.*

1715 Mort de Louis XIV et début de la Régence de Philippe d'Orléans.

1721 Montesquieu, *Lettres persanes.*

1723 Début du règne personnel de Louis XV, qui confie le gouvernement au duc de Bourbon, puis au cardinal de Fleury.

1726 Swift, *Les Voyages de Gulliver.*

1730 Marivaux, *Le Jeu de l'amour et du hasard.*

1731 Prévost, *Manon Lescaut.*

1733 Début de la guerre de Succession de Pologne.

Vie et œuvre des auteurs

1694 Naissance à Paris de François Marie Arouet (qui prend le pseudonyme de Voltaire en 1717).

1704 Voltaire étudie chez les jésuites, au futur collège Louis-le-Grand, à Paris.

1706 Naissance d'Émilie de Breteuil.

1711 Voltaire entame des études de droit.

1716 Naissance à Nancy de Jean-François de Saint-Lambert.

1717 Lettre de cachet contre Voltaire pour des vers irrespectueux à l'encontre du Régent. Embastillement de onze mois.

1718 Succès de Voltaire avec *Œdipe* (tragédie).

1722 Première visite d'Émilie à la cour de Versailles, où elle acquiert le goût des vêtements, du maquillage et des parures.

1725 Mariage d'Émilie avec le militaire François Claude, marquis du Châtelet, qui lui procure un rang élevé à la cour.

1726-1728 Querelle avec le chevalier de Rohan, qui provoque l'exil de Voltaire en Angleterre. Il est présenté au roi George Ier et assiste aux funérailles nationales de Newton.

1730 Mme du Châtelet quitte Semur-en-Auxois, dont son mari est gouverneur, pour mener à Paris une vie mondaine.

1733 Début de la liaison entre Mme du Châtelet et Voltaire. Maupertuis puis Clairaut dispensent à Émilie des leçons de mathématiques.

1734 Voltaire publie ses *Lettres philosophiques*.

1735 Mme du Châtelet accueille Voltaire à Cirey. Ce dernier compose *La Mort de César* (tragédie).

Repères historiques et culturels

1738 Avec le traité de Vienne, le beau-père de Louis XV, Stanislas Leszczyński, perd le trône de Pologne, mais obtient en compensation la Lorraine, qui deviendra française à sa mort.

1740 Début du règne du « despote éclairé » Frédéric II de Prusse, qui envahit peu après la Silésie.

1741 Guerre de Succession d'Autriche.

1745 Victoire française de Fontenoy. Mme de Pompadour devient la favorite du roi.

1747 Mme de Graffigny, *Lettres d'une Péruvienne*.

1748 Le traité d'Aix-la-Chapelle met fin à la guerre de Succession d'Autriche. Montesquieu écrit *De l'esprit des lois*.

1749 Emprisonnement de Diderot, taxé d'impiété à la parution de son essai matérialiste *Lettre sur les aveugles à l'usage de ceux qui voient*.

1750 Rousseau, *Discours sur les sciences et les arts*.

1751 Diderot et d'Alembert publient le premier des vingt tomes de l'*Encyclopédie*, condamné par le Parlement l'année suivante.

1753 L'interdiction de l'*Encyclopédie* est annulée. Cinq volumes paraîtront jusqu'en 1757.

Vie et œuvre des auteurs

1738 Mme du Châtelet et Voltaire concourent au prix de l'Académie.
Voltaire, *Éléments de la philosophie de Newton*

1739 La rivalité avec le mathématicien Maupertuis inspire à Voltaire *Micromégas* (publié en 1752).

1740 Émilie du Châtelet, *Institutions de physique*.

1741 Querelle historique de Mme du Châtelet avec le secrétaire de l'Académie des sciences au sujet des ondes vives. L'histoire donnera raison à la marquise.

1743 Voltaire est chargé de mission diplomatique auprès de Frédéric II.

1744 Le traité *Dissertation sur la nature et la propagation du feu* de Mme du Châtelet est publié aux frais de l'Académie.

1745-1749 Mme du Châtelet travaille à la traduction des *Philosophiæ naturalis principia mathematica* d'Isaac Newton (1687).

1746 Voltaire est élu à l'Académie. Saint-Lambert, attaché au service du roi Stanislas, part à la guerre.
Émilie du Châtelet, date estimée de la rédaction du *Discours sur le bonheur*.

1747 Début de la liaison entre Mme du Châtelet et Saint-Lambert. Voltaire est en disgrâce. Il s'exile en Lorraine et publie ***Memnon***.

1748 Voltaire, *Zadig*.

1749 Mort de Mme du Châtelet à Lunéville. Son mari, Voltaire et Saint-Lambert sont à son chevet.

1750 Voltaire à Potsdam, auprès de Frédéric II.

1752 Saint-Lambert entame une liaison qui va durer cinquante ans avec Sophie d'Houdetot.

Repères historiques et culturels

1755 Tremblement de terre de Lisbonne.
Mort de Montesquieu.
Rousseau, *Discours sur l'origine et les fondements de l'inégalité parmi les hommes.*

1756 Début de la guerre de Sept Ans, qui oppose la France, l'Autriche et la Russie à la Prusse et à l'Angleterre.

1758 Avec sa *Lettre à d'Alembert sur les spectacles*, où il critique l'immoralité du théâtre, Rousseau se fâche définitivement avec les « philosophes ».

1759 Condamnation de l'*Encyclopédie* par le Parlement. Les sept premiers tomes sont brûlés.

1761 Rousseau, *Julie ou la Nouvelle Héloïse.*

1762 Rousseau, *Du contrat social.* Les jésuites sont expulsés de France. Catherine II devient reine de Russie.
Début de l'affaire Calas, protestant injustement accusé du meurtre de son fils et exécuté.

1763 Fin de la guerre de Sept Ans : la France perd les Indes et le Canada.

1764 Mort de Mme de Pompadour.

1765 Le protestant Sirven est injustement accusé du meurtre de sa fille.

1766 Le chevalier de La Barre est exécuté pour impiété.

Vie et œuvre des auteurs

1755 Voltaire s'installe près de Genève et commence à collaborer à l'*Encyclopédie*.

1756 Voltaire, *Essai sur les mœurs*.
Saint-Lambert obtient le titre de chevalier. Il collabore à l'*Encyclopédie*.

1757 Voltaire intervient dans les négociations entre la France et Frédéric II.
Saint-Lambert, victime d'une attaque de paralysie, renonce au métier des armes et fréquente les salons littéraires.

1759 À Ferney, Voltaire écrit *Candide*. La traduction complète des *Philosophiæ naturalis principia mathematica* par Mme du Châtelet est publiée et demeurera longtemps la seule édition disponible en français.

1763 Dans son *Traité sur la tolérance*, Voltaire cherche à réhabiliter Calas.

1764 Saint-Lambert, *Essai sur le luxe*.
Voltaire, *Jeannot et Colin* (conte philosophique) et *Dictionnaire philosophique* (condamné à être brûlé).

1765 Saint-Lambert, ***Sara Th...***

1767 Voltaire, *L'Ingénu* (conte philosophique).

1768 Édition définitive du *Siècle de Louis XIV* de Voltaire et parution de *La Princesse de Babylone* (conte philosophique).

Repères historiques et culturels

1770 Raynal, *Histoire des deux Indes*, à laquelle collabore Saint-Lambert.

1772 Partage de la Pologne. Lavoisier fonde la chimie moderne.

1774 Mort de Louis XV et sacre de Louis XVI.

1776 Le ministre des Finances Turgot est remplacé par Necker. Déclaration d'indépendance des États-Unis d'Amérique.

1778 La France s'allie aux États-Unis contre l'Angleterre. Mort de Rousseau.

1782 Publication posthume des *Confessions* de Rousseau (première partie).
Laclos, *Les Liaisons dangereuses*.

1784 Mort de Diderot.
Kant, *Qu'est-ce que les Lumières ?*.
Beaumarchais, *Le Mariage de Figaro*.

1788 Bernardin de Saint-Pierre, *Paul et Virginie*.

1789 Convocation des états généraux et prise de la Bastille.
Déclaration des droits de l'homme et du citoyen.
Rousseau, *Les Confessions* (deuxième partie).

1790 Condorcet, *Sur l'admission des femmes au droit de cité*.

1791 Olympe de Gouges, *Déclaration des droits de la femme et de la citoyenne*.

1792 Victoire de Valmy et début de la Ire République.

1793 Règne de la Terreur. Louis XVI, comme Danton et Olympe de Gouges, est guillotiné.

1794 Chute de Robespierre.

1796 Publication posthume du roman moderne et philosophique *Jacques le fataliste* de Diderot.

1799 Napoléon devient Premier consul.

1769 Parution du recueil *Les Saisons* de Saint-Lambert, qui lui ouvre les portes de l'Académie française.

1770 Parution du conte iroquois *Les Deux Amis* de Saint-Lambert.

1772 Saint-Lambert fait paraître ses *Fables orientales*, en prose.

1774 Voltaire, *Le Taureau blanc* (conte biblique).

1778 Mort de Voltaire.

1779 Publication, grâce à Saint-Lambert, du ***Discours sur le bonheur*** de Mme du Châtelet.

1788 En adhérant à la Société des amis des Noirs, Saint-Lambert milite en faveur de l'abolition de l'esclavage dans les colonies françaises.

1789 Saint-Lambert, député de la Lorraine, siège aux états généraux.

1791 Les cendres de Voltaire sont transférées au Panthéon.

1803 Mort de Saint-Lambert à Paris.

■ Le château de Cirey, où Mme du Châtelet accueillit Voltaire à partir de 1734.

L'Art d'être heureux

MME DU CHÂTELET

Discours sur le bonheur

■ Portrait de Mme du Châtelet, Maurice Quentin de La Tour (1704-1788).

NOTE DE L'ÉDITEUR : notre édition reprend l'édition originale, publiée grâce à Saint-Lambert en 1779 et reprise en 1961 par R. Mauzi (Paris, Société des Belles Lettres). Les crochets correspondent aux restitutions établies par l'éditeur (grâce à la comparaison avec les versions manuscrites).

On croit communément qu'il est difficile d'être heureux, et on n'a que trop de raison de le croire ; mais il serait plus aisé de le devenir, si chez les hommes les réflexions et le plan de conduite en précédaient les actions. On est entraîné par les circonstances, et on se livre aux espérances qui ne rendent jamais qu'à moitié ce qu'on en attend : enfin, on n'aperçoit bien clairement les moyens d'être heureux que lorsque l'âge et les entraves [1] qu'on s'est données y mettent des obstacles.

Prévenons ces réflexions qu'on fait trop tard : ceux qui liront celles-ci y trouveront ce que l'âge et les circonstances de leur vie leur fourniraient trop lentement. Empêchons-les de perdre une partie du temps précieux et court que nous avons à sentir et à penser, et de [*passer*] à calfater [2] leur vaisseau le temps qu'ils [*doivent employer à se procurer les plaisirs qu'ils*] peuvent goûter dans leur navigation [3].

1. ***Entraves*** : chaînes.
2. ***Calfater*** : boucher les brèches, rendre étanche.
3. ***Leur navigation*** : par cette métaphore maritime, Mme du Châtelet se présente comme un guide qui permet à son lecteur de naviguer agréablement en évitant les écueils qu'elle a elle-même rencontrés au cours de sa vie.

Il faut, pour être heureux, s'être défait[1] des préjugés, être vertueux[2], se bien porter[3], avoir des goûts[4] et des passions[5], être susceptible d'illusions[6], car nous devons la plupart de nos plaisirs à l'illusion, et malheureux est celui qui la perd. Loin donc de chercher à la faire disparaître par le flambeau de la raison, tâchons d'épaissir le vernis qu'elle met sur la plupart des objets[7] ; il leur est encore plus nécessaire que ne le sont à nos corps les soins et la parure.

Il faut commencer par se bien dire à soi-même et par se bien convaincre que nous n'avons rien à faire dans ce monde qu'à nous y procurer des sensations et des sentiments agréables. Les moralistes qui disent aux hommes : réprimez vos passions, et maîtrisez vos désirs[8], si vous voulez être heureux, ne connaissent pas le chemin du bonheur. On n'est heureux que par des goûts et des passions satisfaits ; [*je dis des goûts*], parce qu'on n'est pas toujours assez heureux pour avoir des passions, et qu'au défaut des passions, il faut bien se contenter des goûts. Ce serait donc des passions qu'il faudrait demander à Dieu, si on osait

1. ***S'être défait*** : voir note 2, p. 25.
2. ***Vertueux*** : voir note 1, p. 25.
3. ***Se bien porter*** : se porter bien, être en bonne santé.
4. ***Goûts*** : attrait pour certaines choses ou personnes.
5. ***Passions*** : voir note 1, p. 7.
6. ***Illusions*** : ici, état de l'esprit qui s'abuse ou se laisse abuser par des idées fausses, imaginaires mais agréables.
7. ***Tâchons d'épaissir [...] des objets*** : Mme du Châtelet prend ici le contre-pied d'une tradition philosophique initiée par Platon, qui, au nom de la vérité, condamne l'illusion.
8. ***Maîtrisez vos désirs*** : il s'agit d'une double référence à la morale chrétienne, qui invite les croyants à rechercher leur bonheur futur au paradis en menant une vie sans péché sur terre, ainsi qu'aux philosophes stoïciens, qui pensent pouvoir tout contrôler par l'exercice de leur volonté (voir note 3, p. 24).

lui demander quelque chose; et Le Nôtre[1] avait grande raison de demander au pape des tentations au lieu d'indulgences[2].

Mais, me dira-t-on, les passions ne font-elles pas plus de malheureux que d'heureux? Je n'ai pas la balance nécessaire pour peser en général le bien et le mal qu'elles ont faits aux hommes; mais il faut remarquer que les malheureux sont connus parce qu'ils ont besoin des autres, qu'ils aiment à raconter leurs malheurs, qu'ils y cherchent des remèdes et du soulagement. Les gens heureux ne cherchent rien, et ne vont point avertir les autres de leur bonheur; les malheureux sont intéressants, les gens heureux sont inconnus.

Voilà pourquoi lorsque deux amants sont raccommodés, lorsque leur jalousie est finie, lorsque les obstacles qui les séparaient sont surmontés, ils ne sont plus propres au théâtre; la pièce est finie pour les spectateurs, et la scène de Renaud et d'Armide[3] n'intéresserait pas autant qu'elle fait si le spectateur ne s'attendait pas que l'amour de Renaud est l'effet d'un enchantement qui doit se dissiper, et que la passion qu'Armide fait voir dans cette scène rendra son malheur plus intéressant. Ce sont les mêmes ressorts[4] qui agissent sur notre âme pour l'émouvoir aux représentations théâtrales et dans les événements de la vie.

---

1. ***Le Nôtre*** (1613-1700) : jardinier du roi Louis XIV, qui aménagea le parc et les jardins de Versailles.
2. ***Indulgences*** : pardon accordé par l'Église pour les péchés commis.
3. ***Renaud et Armide*** : dans *La Jérusalem délivrée* du poète italien le Tasse (1544-1595), Renaud, chevalier chrétien, est retenu sur une île par les artifices de la magicienne musulmane Armide, qui s'éprend de lui et veut l'empêcher de mener la croisade contre les musulmans.
4. ***Ressorts*** : causes, moteurs de l'action.

On connaît donc bien plus l'amour par les malheurs qu'il cause que par le bonheur souvent obscur qu'il répand sur la vie des hommes. Mais supposons pour un moment que les passions fassent plus de malheureux que d'heureux, je dis qu'elles seraient encore à désirer, parce que c'est la condition sans laquelle on ne peut avoir de grands plaisirs ; or ce n'est la peine de vivre que pour avoir des sensations et des sentiments agréables ; et plus les sentiments agréables sont vifs, plus on est heureux. Il est donc à désirer d'être susceptible de passions, et je le répète encore : n'en a pas qui veut.

C'est à nous à les faire servir à notre bonheur, et cela dépend souvent de nous. Quiconque a su si bien économiser son état et les circonstances où la fortune[1] l'a placé, qu'il soit parvenu à mettre son esprit et son cœur dans une assiette tranquille[2], qu'il soit susceptible de tous les sentiments, de toutes les sensations agréables que cet état peut comporter, est assurément un excellent philosophe, et doit bien remercier la nature.

Je dis son état et les circonstances où la fortune l'a placé, parce que je crois qu'une des choses qui contribuent le plus au bonheur, c'est de se contenter de son état, et de songer plutôt à le rendre heureux qu'à en changer.

Mon but n'est pas d'écrire pour toutes sortes de conditions et pour toutes sortes de personnes ; tous les états ne sont pas susceptibles de la même espèce de bonheur. Je n'écris que pour ce qu'on appelle les gens du monde, c'est-à-dire pour ceux qui sont nés avec une fortune toute faite,

1. ***La fortune*** : le hasard.
2. ***Quiconque a su [...] tranquille*** : celui qui a accepté son état, sa condition sans être torturé par des ambitions et des désirs inutiles peut ressentir la sérénité nécessaire au bonheur.

plus ou moins brillante, plus ou moins opulente[1], mais enfin tels qu'ils peuvent rester dans leur état sans en rougir, et ce ne sont peut-être pas les plus aisés à rendre heureux.

Mais pour avoir des passions, pour pouvoir les satisfaire, il faut sans doute se bien porter ; c'est là le premier bien : or ce bien n'est pas si indépendant de nous qu'on le pense. Comme nous sommes tous nés sains (je dis en général) et faits pour durer un certain temps, il est sûr que si nous ne détruisions pas notre tempérament par la gourmandise, par les veilles, par les excès enfin, nous vivrions tous à peu près ce qu'on appelle l'âge d'homme. J'en excepte les morts violentes qu'on ne peut prévoir, et dont, par conséquent, il est inutile de s'occuper.

Mais, me répondra-t-on, si votre passion est la gourmandise, vous serez donc bien malheureux : car si vous voulez vous bien porter, il faudra perpétuellement vous contraindre. À cela je réponds que le bonheur étant votre but, en satisfaisant vos passions, rien ne doit vous écarter de ce but ; et si le mal d'estomac ou la goutte[2] que vous donnent les excès que vous faites à table vous causent des douleurs plus vives que le plaisir que vous trouvez à satisfaire votre gourmandise, vous calculez mal, si vous préférez la jouissance de l'un à la privation de l'autre : vous vous écartez de votre but, et vous êtes malheureux par votre faute. Ne vous plaignez pas de ce que vous êtes gourmand : car cette passion est une source de plaisirs continuels ; mais sachez la faire servir à votre bonheur : cela vous sera aisé en restant chez vous, et en ne vous faisant servir que ce

---

1. ***Opulente*** : riche.
2. ***La goutte*** : maladie qui touche les articulations.

que vous voulez manger : ayez des temps de diète ; si vous attendez que votre estomac désire par une faim bien vraie, tout ce qui se présentera vous fera autant de plaisir que des mets plus recherchés, et auxquels vous ne songerez pas lorsque vous ne les aurez pas devant les yeux. Cette sobriété que vous vous serez imposée rendra le plaisir plus vif. Je ne vous la recommande pas pour éteindre en vous la gourmandise, mais pour vous en préparer une jouissance plus délicieuse. À l'égard des personnes malades, des cacochymes[1] que tout incommode, elles ont d'autres espèces de bonheur. Avoir bien chaud, bien digérer leur poulet, aller à la garde-robe[2], est une jouissance pour eux. Un tel bonheur, s'il en est un, est trop insipide[3] pour s'occuper des moyens d'y parvenir. Il semble que ces sortes de personnes soient dans une sphère dont ce qu'on appelle bonheur, jouissance, sentiments agréables ne peuvent approcher. Elles sont à plaindre ; mais on ne peut rien pour elles.

Quand on s'est une fois bien persuadé que sans la santé on ne peut jouir d'aucun plaisir et d'aucun bien, on se résout sans peine à faire quelques sacrifices pour conserver la sienne. J'en suis, je puis le dire, un exemple. J'ai un très bon tempérament[4] ; mais je ne suis point robuste, et il y a des choses qui sûrement détruiraient ma santé. Tel est le vin, par exemple, et toutes les liqueurs ; je me les suis interdits dès ma première jeunesse, j'ai un tempérament de feu, je passe toute la matinée à me noyer de liquides ; enfin, je

---

1. ***Cacochymes*** : personnes d'une santé fragile.
2. ***Aller à la garde-robe*** : aller aux toilettes.
3. ***Insipide*** : fade, sans saveur.
4. ***Tempérament*** : constitution physique, santé.

me livre trop souvent à la gourmandise dont Dieu m'a douée, et je répare ces excès par des diètes rigoureuses que je m'impose à la première incommodité que je sens, et qui m'ont toujours évité des maladies. Ces diètes ne me coûtent rien, parce que dans ces temps je reste toujours chez moi à l'heure des repas, et comme la nature est assez sage pour ne nous pas donner les sentiments de la faim quand nous l'avons surchargée de nourriture, ma gourmandise n'étant point excitée par la présence des mets, je ne me refuse rien en ne mangeant point, et je rétablis ma santé sans qu'il m'en coûte de privation.

Une autre source de bonheur, c'est d'être exempt[1] de préjugés, et il ne tient qu'à nous de nous en défaire. Nous avons tous la portion d'esprit nécessaire pour examiner les choses qu'on veut nous obliger de croire; pour savoir, par exemple, si deux et deux font quatre, ou cinq ; et d'ailleurs, dans ce siècle, on ne manque pas de secours pour s'instruire. Je sais qu'il y a d'autres préjugés que ceux de la religion, et je crois qu'ils sont très bons à secouer, quoiqu'il n'y en ait aucun qui influe autant sur notre bonheur et notre malheur que celui de la religion. Qui dit préjugé dit une opinion qu'on a reçue sans examen, parce qu'elle ne se soutiendrait pas. L'erreur ne peut jamais être un bien, et elle est sûrement un grand mal dans les choses d'où dépend la conduite de la vie.

Il ne faut pas confondre les préjugés avec les bienséances[2]. Les préjugés n'ont aucune vérité, et ne peuvent être utiles qu'aux âmes mal faites : car il y a des âmes

1. ***Exempt*** : libre, dépourvu.
2. ***Les bienséances*** : les règles de civilité, l'art de se comporter en société.

corrompues comme des corps contrefaits[1]. Celles-là sont hors de rang[2], et je n'ai rien à leur dire. Les bienséances ont une vérité de convention, et c'en est assez pour que toute personne de bien ne se permette jamais de s'en écarter. Il n'y a point de livre qui apprenne les bienséances, et cependant personne ne les ignore de bonne foi. Elles varient suivant les états, les âges, les circonstances. Quiconque prétend au bonheur ne doit jamais s'en écarter ; mais l'exacte observation des bienséances est une vertu, et j'ai dit que pour être heureux il faut être vertueux. Je sais que les prédicateurs[3], et même Juvénal[4], disent qu'il faut aimer la vertu pour elle-même, pour sa propre beauté ; mais il faut tâcher d'entendre[5] le sens de ces paroles, et l'on verra qu'elles se réduisent à ceci : il faut être vertueux, parce qu'on ne peut être vicieux et heureux[6]. J'entends par *vertu* tout ce qui contribue au bonheur de la société, et, par conséquent, au nôtre, puisque nous sommes membres de la société.

Je dis qu'on ne peut être heureux et vicieux, et la démonstration de cet axiome[7] est dans le fond du cœur de tous les hommes. Je leur soutiens, même aux plus scélérats[8], qu'il n'y en a aucun à qui les reproches de sa

1. ***Contrefaits*** : difformes.
2. ***Hors de rang*** : exclues de ma considération.
3. ***Prédicateurs*** : ceux qui prêchent la parole de Dieu.
4. ***Juvénal*** (Ier-IIe siècles apr. J.-C.) : poète latin connu pour ses satires féroces qui dénoncent les vices des Romains.
5. ***D'entendre*** : de comprendre.
6. ***On ne peut être vicieux et heureux*** : Mme du Châtelet fait de l'exercice de la vertu non pas une fin en soi, mais une condition du bonheur.
7. ***Axiome*** : vérité évidente et non démontrée.
8. ***Scélérats*** : personnes qui commettent de mauvaises actions.

conscience, c'est-à-dire de son sentiment intérieur, le mépris qu'il sent qu'il mérite et qu'il éprouve, dès qu'on le connaît, ne tiennent lieu de supplice. Je n'entends pas par scélérats les voleurs, les assassins, les empoisonneurs, ils ne peuvent se trouver dans la classe de ceux pour qui j'écris[1] ; mais je donne ce nom aux gens faux et perfides, aux calomniateurs, aux délateurs[2], aux ingrats, enfin à tous ceux qui sont atteints des vices contre lesquels les lois n'ont point sévi, mais contre lesquels celles des mœurs et de la société ont porté des arrêts d'autant plus terribles qu'ils sont toujours exécutés.

Je maintiens donc qu'il n'y a personne sur la Terre qui puisse sentir qu'on le méprise sans désespoir. Ce mépris public, cette animadversion[3] des gens de bien est un supplice plus cruel que tous ceux que le lieutenant-criminel[4] pourrait infliger, parce qu'il dure plus longtemps, et que l'espérance ne l'accompagne jamais.

Il faut donc n'être pas vicieux si l'on ne veut pas être malheureux ; mais ce n'est pas assez pour nous de n'être pas malheureux ; la vie ne vaudrait pas la peine d'être supportée si l'absence de la douleur était notre seul but ; le néant vaudrait mieux : car assurément c'est l'état où l'on souffre le moins. Il faut donc tâcher d'être heureux. Il faut être bien avec soi-même par la même raison qu'il faut être logé commodément chez soi, et vainement espérerait-on pouvoir jouir de cette satisfaction sans la vertu :

---

1. ***La classe de ceux pour qui j'écris*** : Mme du Châtelet rappelle une nouvelle fois qu'elle écrit pour les personnes de rang aisé.

2. ***Délateurs*** : dénonciateurs.

3. ***Animadversion*** : antipathie, désapprobation (terme vieilli).

4. ***Lieutenant-criminel*** : juge des actions criminelles.

Aisément des mortels on éblouit les yeux ;
Mais on ne peut tromper l'œil vigilant des dieux,

a dit un de nos meilleurs poètes[1] ; mais c'est l'œil vigilant de sa propre conscience qu'on ne trompe jamais.

On se rend une justice exacte, et plus on peut se rendre témoignage[2] que l'on a rempli ses devoirs, qu'on a fait tout le bien qu'on a pu faire, qu'on est vertueux enfin, plus on goûte cette satisfaction intérieure qu'on peut appeler la santé de l'âme. Je doute qu'il y ait de sentiment plus délicieux que celui qu'on éprouve quand on vient de faire une action vertueuse, et qui mérite l'estime des honnêtes gens. Au plaisir intérieur que causent les actions vertueuses se joint encore le plaisir de jouir de l'estime universelle : car les fripons[3] ne peuvent refuser leur estime à la probité[4] ; mais l'estime des honnêtes gens mérite seule qu'on la compte. Enfin, je dis que pour être heureux il faut être susceptible d'illusion, et cela n'a guère besoin d'être prouvé ; mais, me direz-vous, vous avez dit que l'erreur est toujours nuisible : l'illusion n'est-elle pas une erreur ? Non : l'illusion ne nous fait pas voir, à la vérité, les objets entièrement tels qu'ils doivent être pour nous donner des sentiments agréables, elle les accommode à notre nature. Telles sont les illusions de l'optique : or l'optique ne nous trompe pas, quoiqu'elle ne nous fasse pas voir les objets tels qu'ils sont, parce qu'elle nous les fait voir de la manière qu'il faut que nous les voyions pour notre utilité.

1. ***Un de nos meilleurs poètes*** : il s'agit de Voltaire, dont Mme du Châtelet cite la tragédie *Sémiramis* (I, 3).
2. ***Se rendre témoignage*** : reconnaître, affirmer en son for intérieur.
3. ***Fripons*** : voleurs, personnes malhonnêtes.
4. ***Probité*** : honnêteté.

Quelle est la raison pour laquelle je ris plus que personne aux marionnettes, si ce n'est parce que je me prête plus qu'aucun autre à l'illusion, et qu'au bout d'un quart d'heure je crois que c'est Polichinelle qui parle ? Aurait-on un moment de plaisir à la comédie, si on ne se prêtait à l'illusion qui vous fait voir des personnages que vous savez morts depuis longtemps, et qui les fait parler en vers alexandrins ? Mais quel plaisir aurait-on à un autre spectacle où tout est illusion, si on ne savait pas s'y prêter ? Assurément, il y aurait bien à perdre, et ceux qui n'ont à l'opéra que le plaisir de la musique et des danses y ont un plaisir bien décharné[1] et bien au-dessous de celui que donne l'ensemble de ce spectacle enchanteur. J'ai cité les spectacles, parce que l'illusion y est plus aisée à sentir. Elle se mêle à tous les plaisirs de notre vie, et elle en est le vernis. On dira peut-être qu'elle ne dépend pas de nous, et cela n'est que trop vrai, jusqu'à un certain point ; on ne peut se donner des illusions, de même qu'on ne peut se donner des goûts, ni des passions ; mais on peut conserver les illusions qu'on a ; on peut ne pas chercher à les détruire ; on peut ne pas aller derrière les coulisses voir les roues qui font les vols, et les autres machines[2] : voilà tout l'art qu'on y peut mettre, et cet art n'est ni inutile ni infructueux[3].

Voilà les grandes machines du bonheur, si je puis m'exprimer ainsi ; mais il y a encore bien des adresses de détail qui peuvent contribuer à notre bonheur.

---

1. ***Décharné*** : pauvre, maigre.

2. ***Les roues qui font les vols, et les autres machines*** : Mme du Châtelet fait allusion aux pièces à machines, dans lesquelles des machines installées dans les coulisses créent des effets merveilleux pour le spectateur, comme une mer déchaînée, des éclairs, des divinités volant dans les airs…

3. ***Infructueux*** : vain, sans résultat.

La première de toutes est d'être bien décidé à ce qu'on veut être et à ce qu'on veut faire, et c'est ce qui manque à presque tous les hommes ; c'est pourtant la condition sans laquelle il n'y a point de bonheur. Sans elle, on nage perpétuellement dans une mer d'incertitudes ; on détruit le matin ce qu'on a fait le soir ; on passe la vie à faire des sottises, à les réparer, à s'en repentir[1].

Ce sentiment de repentir est un des plus inutiles et des plus désagréables que notre âme puisse éprouver[2]. Un des grands secrets est de savoir s'en garantir[3]. Comme rien ne se ressemble dans la vie, il est presque toujours inutile de voir ses fautes, du moins l'est-il de s'arrêter longtemps à les considérer et de se les reprocher : c'est nous couvrir de confusion à nos propres yeux sans aucun profit. Il faut partir d'où l'on est, employer toute la sagacité[4] de son esprit à réparer et à trouver les moyens de réparer ; mais il ne faut point regarder au talon[5], et il faut toujours écarter de son esprit le souvenir de ses fautes : quand on en a tiré dans une première vue le fruit qu'on en peut attendre, écarter les idées tristes et leur en substituer d'agréables, c'est encore un des grands ressorts du bonheur, et nous avons celui-là en notre pouvoir, du moins jusqu'à un certain point ; je sais que dans une violente passion qui nous rend malheureux, il ne dépend pas entièrement de nous de bannir de notre esprit les idées qui nous affligent ; mais on

1. ***Repentir*** : voir note 2, p. 27.

2. ***Ce sentiment de repentir [...] éprouver*** : en cela, Mme du Châtelet rejoint la position de Montaigne, qui, dans ses *Essais*, insiste sur l'inutilité des regrets et invite à se consacrer à la vie présente.

3. ***Garantir*** : prémunir, protéger.

4. ***Sagacité*** : vivacité, finesse.

5. ***Regarder au talon*** : regarder derrière soi.

n'est pas toujours dans ces situations violentes, toutes les maladies ne sont pas des fièvres malignes, et les petits malheurs de détail, les sensations désagréables, quoique faibles, sont bonnes à éviter. La mort, par exemple, est une idée qui nous afflige toujours, soit que nous prévoyions la nôtre, soit que nous pensions à celle des gens que nous aimons. Il faut donc éviter avec soin tout ce qui peut nous rappeler cette idée. Je suis bien opposée à Montaigne [1], qui se félicitait tant de s'être tellement accoutumé à la mort qu'il était sûr de la voir de près sans être effrayé. On voit, par la complaisance avec laquelle il rapporte cette victoire, qu'elle lui avait coûté beaucoup, et en cela le sage Montaigne avait mal calculé : car assurément c'est une folie d'empoisonner par cette idée triste et humiliante une partie du peu de temps que nous avons à vivre, pour supporter plus patiemment un moment que les douleurs corporelles rendent toujours très amer, malgré notre philosophie ; d'ailleurs, qui sait si l'affaiblissement de notre esprit, causé par la maladie ou par l'âge, nous laissera recueillir le fruit de nos réflexions, et si nous n'en serons pas pour nos frais, comme il arrive si souvent dans cette vie ? Ayons toujours dans l'esprit, quand l'idée de la mort nous revient, ce vers de Gresset [2] :

La douleur est un siècle, et la mort un moment.

---

1. ***Je suis bien opposée à Montaigne*** : dans un passage célèbre des *Essais*, Montaigne raconte comment, après une violente chute de cheval, il a entrevu la mort. Il utilise cet accident pour se rassurer, et tente par différentes expériences et réflexions de s'accoutumer à la pensée de sa mort future.

2. ***Gresset*** (1709-1777) : poète et dramaturge qui écrivit ces vers lors d'une convalescence.

Détournons cet esprit de toutes les idées désagréables [1] ; elles sont la source d'où naissent tous les maux métaphysiques [2], et c'est surtout ceux-là qu'il est presque toujours en notre pouvoir d'éviter.

La sagesse doit avoir toujours les jetons à la main [3] : car qui dit *sage* dit *heureux*, du moins dans mon dictionnaire ; il faut avoir des passions pour être heureux ; mais il faut les faire servir à notre bonheur, et il y en a auxquelles il faut défendre toute entrée dans notre âme. Je ne parle pas ici des passions qui sont des vices, telles que la haine, [*la vengeance, la colère ; mais l'ambition*], par exemple, est une passion dont je crois qu'il faut défendre son âme, si on veut être heureux ; ce n'est pas par la raison qu'elle n'a pas de jouissance, car je crois que cette passion peut en fournir ; ce n'est pas parce que l'ambition désire toujours, car c'est assurément un grand bien, mais c'est parce que de toutes les passions c'est celle qui met le plus notre bonheur dans la dépendance des autres ; [*or moins notre bonheur dépend des autres*] et plus il nous est aisé d'être heureux. Ne craignons pas de faire trop de retranchement sur cela [4], il en dépendra toujours assez. Par cette raison d'indépendance [5],

1. ***Détournons cet esprit de toutes les idées désagréables*** : Mme du Châtelet reprend la position matérialiste d'Épicure, qui affirme dans sa *Lettre à Ménécée* que « la mort n'est rien pour nous, puisque, tant que nous existons nous-mêmes, la mort n'est pas, et que, quand la mort existe, nous ne sommes plus ». Par conséquent, il est inutile de s'en soucier.

2. ***Maux métaphysiques*** : angoisses, maux liés à la mort, à la destinée humaine dans l'univers.

3. ***Avoir toujours les jetons à la main*** : avoir les cartes en main, calculer et décider.

4. ***Ne craignons pas [...] sur cela*** : combattons cette inclination (à faire dépendre notre bonheur d'autres que nous-mêmes).

5. ***Par cette raison d'indépendance*** : parce qu'il ne dépend que de nous. Ici, Mme du Châtelet reprend la doctrine stoïcienne.

l'amour de l'étude est de toutes les passions celle qui contribue le plus à notre bonheur. Dans l'amour de l'étude se trouve renfermée une passion dont une âme élevée n'est jamais entièrement exempte, celle de la gloire ; il n'y a même que cette manière d'en acquérir pour la moitié du monde[1], et c'est cette moitié justement à qui l'éducation en ôte les moyens, et en rend le goût impossible.

Il est certain que l'amour de l'étude est bien moins nécessaire au bonheur des hommes qu'à celui des femmes. Les hommes ont une infinité de ressources pour être heureux, qui manquent entièrement aux femmes. Ils ont bien d'autres moyens d'arriver à la gloire, et il est sûr que l'ambition de rendre ses talents utiles à son pays et de servir ses concitoyens, soit par son habileté dans l'art de la guerre, ou par ses talents pour le gouvernement, ou les négociations, est fort au-dessus de [*celle*] qu'on peut se proposer pour l'étude ; mais les femmes sont exclues, par leur état, de toute espèce de gloire, et quand, par hasard, il s'en trouve quelqu'une qui est née avec une âme assez élevée, il ne lui reste que l'étude pour la consoler de toutes les exclusions et de toutes les dépendances auxquelles elle se trouve condamnée par état.

L'amour de la gloire, qui est la source de tant de plaisir et de tant d'efforts en tout genre qui contribuent au bonheur, à l'instruction et à la perfection[2] de la société, est entièrement fondé sur l'illusion ; rien n'est si aisé que de

---

1. ***La moitié du monde*** : les femmes. Mme du Châtelet explique ici que, contrairement aux hommes (qui peuvent s'illustrer dans l'art de la guerre, dans la politique ou grâce au métier qu'ils exercent), les femmes ne peuvent atteindre la gloire que par l'étude.
2. ***Perfection*** : ici, état d'un individu ou d'une société qui a toutes les vertus.

faire disparaître le fantôme après lequel courent toutes les âmes élevées ; mais qu'il y aurait à perdre pour elles et pour les autres ! Je sais qu'il est quelque réalité dans l'amour de la gloire dont on peut jouir de son vivant ; mais il n'y a guère de héros, en quelque genre que ce soit, qui voulût se détacher entièrement des applaudissements de la postérité [1], dont on attend même plus de justice que de ses contemporains. On ne savoure pas toujours le désir vague de faire parler de soi quand on ne sera plus ; mais il reste toujours au fond de notre cœur. La philosophie en voudrait faire sentir la vanité [2] ; mais le sentiment [3] prend le dessus, et ce plaisir n'est point une illusion : car il nous prouve le bien réel de jouir de notre réputation future ; si le présent était notre unique bien, nos plaisirs seraient bien plus bornés [4] qu'ils ne le sont. Nous sommes heureux dans le moment présent, non seulement par nos jouissances actuelles, mais par nos espérances, par nos réminiscences [5]. Le présent s'enrichit du passé et de l'avenir. Qui travaillerait pour ses enfants, pour la grandeur de sa maison, si on ne jouissait pas de l'avenir ? Nous avons beau faire, l'amour-propre est toujours le mobile plus ou moins caché de nos actions ; c'est le vent qui enfle les voiles, sans lequel le vaisseau n'irait point [6].

---

1. ***Se détacher entièrement des applaudissements de la postérité*** : renoncer à la gloire, à la reconnaissance après sa mort.
2. ***La vanité*** : le caractère orgueilleux et présomptueux, mais aussi l'inutilité.
3. ***Le sentiment*** : ici, passion, mouvement de l'âme (par opposition à la raison).
4. ***Bornés*** : limités.
5. ***Réminiscences*** : souvenirs.
6. ***L'amour-propre [...] point*** : Mme du Châtelet rejoint ici la pensée du poète et philosophe anglais Alexander Pope (1688-1744), qui affirme, dans son *Essai sur l'homme* (1733), que l'amour-propre est le moteur de nos

J'ai dit que l'amour de l'étude était la passion la plus nécessaire à notre bonheur ; c'est une ressource sûre contre les malheurs, c'est une source de plaisirs inépuisable, et Cicéron[1] a bien raison de dire : *Les plaisirs des sens et ceux du cœur sont, sans doute, au-dessus de ceux de l'étude ; il n'est pas nécessaire d'étudier pour être heureux ; mais il l'est peut-être de se sentir en soi cette ressource et cet appui.* On peut aimer l'étude, et passer des années entières, peut-être sa vie, sans étudier ; et heureux qui la passe ainsi : car ce ne peut être qu'à des plaisirs plus vifs qu'il sacrifie un plaisir qu'il est toujours sûr de trouver, et qu'il rendra assez vif pour le dédommager de la perte des autres.

Un des grands secrets du bonheur est de modérer ses désirs et d'aimer les choses qu'on possède. La nature, dont le but est toujours notre bonheur (et j'entends par nature tout ce qui est instinct et sans raisonnement), la nature, dis-je, ne nous donne des désirs que conformément à notre état ; nous ne désirons naturellement que de proche en proche : un capitaine d'infanterie désire d'être colonel, et il n'est point malheureux de ne point commander les armées, quelque talent qu'il se sente. C'est à notre esprit et à nos réflexions à fortifier cette sage sobriété de la nature ; on n'est heureux que par des désirs satisfaits ; il faut donc ne se permettre de désirer que les choses qu'on peut obtenir sans trop de soins et de travail, et c'est un point sur lequel nous pouvons beaucoup pour notre bonheur. Aimer ce qu'on possède, savoir en jouir, savourer les avantages de son état, ne point trop porter sa vue sur ceux

actions, que contrôle et modère la raison. Seule une passion qui demeure sous le contrôle de la raison mène à la vertu et au bonheur.

1. ***Cicéron*** : voir note 1, p. 19.

qui nous paraissent plus heureux, s'appliquer à perfectionner le sien et à en tirer le meilleur parti possible, voilà ce qu'on doit appeler heureux; et je crois faire une bonne définition en disant que le plus heureux des hommes est celui qui désire le moins le changement de son état. Pour jouir de ce bonheur, il faut guérir ou prévenir une maladie d'une autre espèce qui s'y oppose entièrement, et qui n'est que trop commune : c'est l'inquiétude. Cette disposition d'esprit s'oppose à toute jouissance, et par conséquent à toute espèce de bonheur.

La bonne philosophie[1], c'est-à-dire la ferme persuasion que nous n'avons autre chose à faire dans ce monde que d'être heureux, est un remède sûr contre cette maladie, dont les bons esprits, ceux qui sont capables de principes et de conséquences[2], sont presque toujours exempts.

Il est une passion très déraisonnable aux yeux des philosophes et de la raison, dont le motif, quelque déguisé qu'il soit, est même humiliant, et devrait seul suffire pour en guérir, et qui cependant peut rendre heureux : c'est la passion du jeu[3]. Il est heureux de l'avoir, si l'on peut la modérer et la réserver pour le temps de notre vie où cette ressource nous sera nécessaire, et ce temps est la vieillesse. Il est certain que l'amour du jeu a sa source dans l'amour de l'argent; il n'y a point de particulier pour qui le gros jeu (et j'appelle gros jeu celui qui peut faire une différence dans notre fortune) ne soit un objet intéressant.

Notre âme veut être remuée par l'espérance ou la crainte; elle n'est heureuse que par les choses qui lui font

1. ***Philosophie*** : ici, opinion, système de principes.
2. ***Conséquences*** : conclusions, raisonnements logiques.
3. La passion du jeu cacherait une passion pour l'argent, méprisable dans la mesure où l'argent serait pris comme un but en soi, et non comme un moyen.

sentir son existence. Or le jeu nous met perpétuellement aux prises avec ces deux passions, et tient, par conséquent, notre âme dans une émotion qui est un des grands principes du bonheur qui soient en nous. Le plaisir que m'a fait le jeu a servi souvent à me consoler de n'être pas riche. Je me crois l'esprit assez bien fait pour qu'une fortune, médiocre pour un autre, suffise à me rendre heureuse ; et dans ce cas le jeu me deviendrait insipide[1] ; du moins je le craignais, et cette idée me persuadait que je devais le plaisir du jeu à mon peu de fortune, et servait à m'en consoler.

Il est certain que les besoins physiques sont la source des plaisirs des sens, et je suis persuadée qu'il y a plus de plaisir dans une fortune médiocre que dans une entière abondance. Une boîte, une porcelaine, un meuble nouveau, sont une vraie jouissance pour moi ; mais si j'avais trente boîtes, je serais peu sensible à la trente et unième. Nos goûts s'émoussent aisément par la satiété[2], et il faut rendre grâces à Dieu de nous avoir donné les privations nécessaires pour [*les*] conserver. C'est ce qui fait qu'un roi s'ennuie si souvent, et qu'il est impossible qu'il soit heureux, à moins qu'il n'ait reçu du ciel une âme assez grande pour être susceptible des plaisirs de son état, c'est-à-dire de celui de rendre un grand nombre d'hommes heureux ; mais alors cet état devient le premier de tous par le bonheur, comme il l'est par la puissance.

J'ai dit que plus notre bonheur dépend de nous, et plus il est assuré ; et cependant la passion, qui peut nous donner de plus grands plaisirs et nous rendre le plus heureux, met

1. ***Le jeu me deviendrait insipide*** : je n'aurais plus le goût du jeu.
2. ***Nos goûts s'émoussent aisément par la satiété*** : nos désirs diminuent lorsqu'ils sont comblés.

entièrement notre bonheur dans la dépendance des autres : on voit bien que je veux parler de l'amour.

Cette passion est peut-être la seule qui puisse nous faire désirer de vivre, et nous engager à remercier l'auteur de la nature, quel qu'il soit [1], de nous avoir donné l'existence. Mylord Rochester [2] a bien raison de dire que les dieux ont mis cette goutte céleste dans le calice [3] de la vie pour nous donner le courage de la supporter :

> Il faut aimer, c'est ce qui nous soutient :
> Car sans l'amour, il est triste d'être homme.

Si ce goût mutuel, qui est un sixième sens, et le plus fin, le plus délicat, le plus précieux de tous, se trouve rassembler deux âmes également sensibles au bonheur, au plaisir, tout est dit, on n'a plus rien à faire pour être heureux, tout le reste est indifférent ; il n'y a que la santé qui y soit nécessaire. Il faut employer toutes les facultés de son âme à jouir de ce bonheur ; il faut quitter la vie quand on le [*perd*], et être bien sûr que les années de Nestor [4] ne sont rien au prix d'un quart d'heure d'une telle jouissance. Il est juste qu'un tel bonheur soit rare ; s'il était commun, il vaudrait bien mieux être homme que d'être dieu, du moins tel que nous pouvons nous le représenter. Ce qu'on peut faire de mieux est de se persuader que ce bonheur n'est pas impossible. Je ne sais cependant si l'amour [5] a jamais

---

1. Cette réflexion est emblématique des déistes qui postulent que la nature divine nous est inconnue (voir présentation, p. 8).

2. ***Mylord Rochester*** (1647-1680) : écrivain et libertin anglais, qui fait dépendre le bonheur de l'amour.

3. ***Le calice*** : la coupe (terme religieux).

4. ***Nestor*** : vieillard le plus âgé et le plus sage de la guerre de Troie, à qui Apollon avait donné le privilège de vivre trois générations.

5. Le développement qui suit est inspiré par la relation de Mme du Châtelet et Voltaire, du bonheur partagé au château de Cirey à l'éloignement progressif

Le bonheur en peinture

L'utopie pastorale *

À l'instar de Saint-Lambert dans son conte *Sara Th...*, de nombreux peintres ont représenté le bonheur à travers des scènes champêtres. De Boucher à Picasso, ils renouvellent le mythe grec de l'âge d'or en inscrivant le bien-être des hommes dans une relation harmonieuse avec la nature.

▲ **François Boucher (1703-1770), *Un été pastoral* (1749), Londres (Royaume-Uni), Wallace Collection.**
Peintre et graveur français, François Boucher était le protégé de Mme de Pompadour et exerça une grande influence sur la peinture française et européenne. Il est l'inventeur d'un genre nouveau : la pastorale. Ses tableaux de paysages artificiels, dans lesquels évoluent des bergers habillés en courtisans, devinrent le nouveau modèle en vogue, reproduit sur des tapisseries, des porcelaines, etc.

* Voir dossier, p. 147-148.

▲ Jean-François Millet (1814-1875), *La Méridienne* (1866), Boston (États-Unis), musée des Beaux-Arts.

▶ Vincent Van Gogh (1853-1890), *La Méridienne* ou *La Sieste* (1889-1890), Paris, musée d'Orsay.

Peintre hollandais autodidacte, Vincent Van Gogh a séjourné dans le Midi de la France, et notamment à l'asile de Saint-Rémy de Provence où il peint l'œuvre *La Méridienne*. Il s'inspire ici d'un dessin de Jean-François Millet, peintre réaliste célèbre pour ses représentations de la France rurale. Bien que fidèle aux détails de la composition originale, Van Gogh s'approprie le modèle en lui substituant des couleurs vibrantes et complémentaires, plus joyeuses, qui contrastent avec celles choisies par Millet trois décennies plus tôt.

▲ **Paul Signac (1863-1935), *Au temps d'harmonie* (1893-1895), Montreuil, mairie de Montreuil.** Si Paul Signac situe sa réinterprétation du mythe de l'âge d'or dans un cadre méditerranéen atemporel, sa toile porte aussi la trace d'un XIXe siècle marqué par le progrès technique et les courants socialistes qui aspirent à construire un avenir radieux pour le plus grand nombre. Le peintre fait de son œuvre une utopie libertaire où se mêlent activités physiques et intellectuelles.

Représentations modernes du bonheur : une invitation au rêve*

▲ **Henri Matisse (1869-1954), *La Joie de vivre* (1905-1906), Philadelphie (États-Unis), fondation Barnes.**

Henri Matisse est un peintre et dessinateur considéré comme le chef de file des fauvistes, ces peintres qui, à l'orée du xxe siècle, font éclater sur la toile des couleurs vives et franches en larges aplats. *La Joie de vivre* représente un jardin d'Éden, dans lequel des figures alanguies s'adonnent aux plaisirs de l'amour et de la danse.

* Voir dossier, p. 147-148.

« Les hommes égayent [...] le travail qu'ils font ensemble. La joie d'un seul se communique à tous. Si un berger joue de la flûte, un autre chante », déclare Sara Th... dans le conte de Saint-Lambert (p. 97).

▲ **Pablo Picasso (1881-1973), *La Joie de vivre* (1946), Antibes, musée Picasso.**
Tout comme Henri Matisse, le cubiste Pablo Picasso s'est installé sur la Côte d'Azur, attiré par la lumière singulière qui baigne les villes et les paysages. À Antibes, il dessine et sculpte des scènes et des personnages mythologiques. Sur un fond bleu méditerranéen, les figures de *La Joie de vivre* renouent avec l'Antiquité grecque et renouvellent la vision de l'âge d'or. Le terrible centaure se fait ici musicien, le faune joue de la diaule (une double flûte de la Grèce antique) pour séduire la nymphe au corps de fleur, tandis que, dans cette scène pastorale et joyeuse, cabriolent les chèvres, autre animal fétiche du peintre espagnol.

▲ **Diadji Diop (né en 1973), *...Dans le bonheur* (2009), Paris, Musée de l'histoire de l'immigration.**
Né à Dakar, l'artiste sénégalais Diadji Diop explore les questions d'identité, d'exil et le rapport à la violence dans son travail. En 2009, à l'occasion des journées européennes du patrimoine, il crée la sculpture monumentale *...Dans le bonheur*. Si la posture du nageur et la couleur rouge sang peuvent évoquer le sort des migrants qui traversent la Méditerranée au péril de leur vie, le sourire radieux et le visage serein du personnage lui confèrent une dimension dynamique et joyeuse. Selon les mots mêmes de Diadji Diop, « à l'heure où les frontières se ferment un peu partout dans le monde, cette sculpture est une invitation au voyage, au rêve et à l'utopie[1]. »

1. www.histoire-immigration.fr/collections/dans-le-bonheur

Dénoncer la condition de la femme dans les arts, du XXe siècle à nos jours

« Les hommes ont une infinité de ressources pour être heureux, qui manquent entièrement aux femmes » (*Discours sur le bonheur*, p. 59).

On qualifie d'art engagé toute pratique artistique qui vise à agir sur les esprits et le cours des choses. Dans cette perspective, un art engagé en faveur des droits des femmes et de leur place dans la société s'est développé à partir du XXe siècle. Que ce soit pour interroger le rôle des femmes, les canons de beauté traditionnels, la représentation des femmes artistes dans les musées ou pour mettre en lumière les grandes figures de la pensée féministe, les artistes et le collectif suivants ont su mettre leur pratique artistique au service de leurs convictions à travers des supports variés (peinture, sculpture, bande dessinée, affiche).

Un bonheur au féminin ?

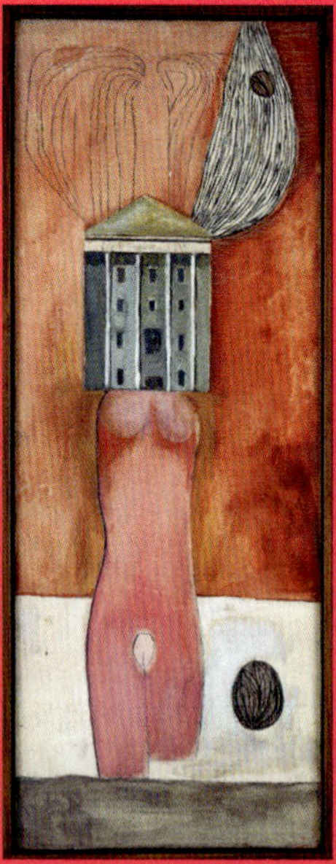

▶ **Louise Bourgeois (1911-2010), *Femme-maison* (1946-1947), collection particulière.**
Artiste française naturalisée américaine, Louise Bourgeois combine souvenirs d'enfance et éléments autobiographiques pour nourrir une œuvre artistique largement tournée vers la sculpture. La série des *Femme-maison* emprunte aux surréalistes leur goût pour l'association inattendue d'éléments ou d'objets. Si la maison grise, géométrique semble peser sur le corps rose et sensuel, la peinture ne se réduit pas à une dénonciation de la condition des femmes au foyer. Pour Louise Bourgeois, la maison est aussi une boîte à souvenirs.

◀ **Niki de Saint Phalle (1930-2002), *Dolorès* (1968-1995), Hanovre (Allemagne), musée Sprengel.**
Chez l'artiste franco-américaine Niki de Saint Phalle, l'art est souvent l'expression d'un engagement féministe et politique. L'ex-mannequin rencontre le succès avec ses sculptures faites de papier, d'objets de rebut et de résine, en particulier ses joyeuses *Nanas*, dont les proportions imposantes affirment avec force la beauté et le pouvoir des femmes. *Dolorès* incarne les revendications d'une femme libérée des normes et des canons de beauté occidentaux, et reflète le militantisme de l'artiste, en faveur du mouvement des années 1960 contre la discrimination raciale aux États-Unis.

Le féminisme en bande dessinée

▲▼ Planches extraites du *Féminisme. En sept slogans et citations*, Anne-Charlotte Husson et Thomas Mathieu, Le Lombard, 2016.
Dans leur bande dessinée, Thomas Mathieu et Anne-Charlotte Husson racontent en images le destin de femmes illustres, parmi lesquelles la philosophe et écrivaine Simone de Beauvoir, dont l'essai *Le Deuxième Sexe*, paru en 1949, fit scandale (voir dossier, p. 145-146).

Objet ou sujet ?
La place des femmes dans les arts

▲ Jean Auguste Dominique Ingres (1780-1867), *La Grande Odalisque* (1814), Paris, musée du Louvre.

▲ *Do women have to be naked to get into the Met. Museum ?* (« Les femmes doivent-elles être nues pour entrer au Metropolitan Museum ? »), affiche du collectif féministe Guerrilla Girls (1989), New York (États-Unis), bibliothèque Kandinsky.

Fondé en 1985 à New York, le collectif Guerrilla Girls regroupe des femmes artistes qui épinglent le sexisme, le racisme et la corruption à travers des tracts, des performances ou encore des expositions. L'affiche ci-dessus dénonce la suprématie masculine dans le domaine de l'art moderne et contemporain. En effet, pendant longtemps, le domaine de la création artistique fut essentiellement réservé aux hommes, la pratique artistique chez les femmes étant souvent cantonnée à un cadre privé. Selon le collectif, ce sexisme est encore d'actualité.

Emblème des Guerrilla Girls, la tête de gorille vient coiffer le corps du modèle immortalisé par Ingres : le montage, choquant, revendique pour les femmes une place de sujet et non plus seulement d'objet de la création.

rassemblé deux personnes faites à tel point l'une pour l'autre qu'elles ne connussent jamais la satiété de la jouissance, ni le refroidissement qu'entraîne la sécurité, ni l'indolence[1] et la tiédeur qui naissent de la facilité et de la continuité d'un commerce[2] dont l'illusion ne se détruit jamais (car où en entre-t-il plus que dans l'amour ?), et dont l'ardeur, enfin, fût égale dans la jouissance et dans la privation, et pût supporter également les malheurs et les plaisirs.

Un cœur capable d'un tel amour, une âme si tendre et si ferme paraît avoir épuisé le pouvoir de la divinité ; il en naît une en un siècle : il semble que d'en produire deux soit au-dessus de ses forces, ou que si elle les a produites, elle serait jalouse de leurs plaisirs, si elles se rencontraient ; mais l'amour peut nous rendre heureux à moins de frais : une âme tendre et sensible est heureuse par le seul plaisir qu'elle trouve à aimer ; je ne veux pas dire par là qu'on puisse être parfaitement heureux en aimant, quoiqu'on ne soit pas aimé ; mais je dis que, quoique nos idées de bonheur ne se trouvent pas entièrement remplies par l'amour de l'objet que nous aimons, le plaisir que nous sentons à nous livrer à toute notre tendresse peut suffire pour nous rendre heureux ; et si cette âme a encore le bonheur d'être susceptible d'illusion, il est impossible qu'elle ne se croie pas plus aimée qu'elle ne l'est peut-être en effet ; elle doit tant aimer qu'elle aime pour deux, et que la chaleur de son cœur supplée[3] à ce qui manque réellement à son bonheur.

---

de Voltaire (voir présentation, p. 11-12). Mme du Châtelet se décrit comme un être capable d'un amour hors du commun.

1. ***L'indolence*** : l'absence de passion.

2. ***D'un commerce*** : d'une relation (terme vieilli).

3. ***Supplée à*** : remplace, comble.

Il faut sans doute qu'un caractère sensible, vif et emporté paie le tribut d'inconvénients attachés à ces qualités[1], et je ne sais si je dois dire bonnes ou mauvaises; mais je crois que quiconque composerait son individu[2] les y ferait entrer. Une première passion emporte tellement hors de soi une âme de cette trempe[3] qu'elle est inaccessible à toute réflexion et à toute idée modérée; elle peut sans doute se préparer de grands chagrins; mais le plus grand inconvénient attaché à cette sensibilité emportée, c'est qu'il est impossible que quelqu'un qui aime à cet excès soit aimé, et qu'il n'y a presque point d'homme dont le goût ne diminue par la connaissance d'une telle passion. Cela doit sans doute paraître bien étrange à qui ne connaît pas encore assez le cœur humain; mais pour peu qu'on ait réfléchi sur ce que nous offre l'expérience, on sentira que pour conserver longtemps le cœur de son amant, il faut toujours que l'espérance et la crainte agissent sur lui. Or une passion, telle que je viens de la peindre, produit un abandonnement de soi-même qui rend incapable de tout art[4]; l'amour perce[5] de tous côtés; on commence par vous adorer, cela est impossible autrement; mais bientôt la certitude d'être aimé, et l'ennui d'être toujours prévenu[6], le malheur de n'avoir rien à craindre, émoussent les goûts[7].

1. ***Le tribut d'inconvénients attachés à ces qualités*** : bien qu'elles soient désirables, ces qualités ont des conséquences néfastes.
2. ***Quiconque composerait son individu*** : si quelqu'un pouvait décider des qualités qui le composent.
3. ***Cette trempe*** : ce caractère.
4. ***Art*** : ici, adresse avec laquelle on se conduit. Selon Mme du Châtelet, un amour passionnel empêche de se conduire avec la retenue nécessaire.
5. ***Perce*** : transparaît.
6. ***Prévenu*** : ici, entouré d'attentions.
7. ***Émoussent les goûts*** : voir note 2, p. 63.

Voilà comme est fait le cœur humain, et qu'on ne croie pas que j'en parle par rancune : j'ai reçu de Dieu, il est vrai, une de ces âmes tendres et immuables qui ne savent ni déguiser ni modérer leurs passions, qui ne connaissent ni l'affaiblissement ni le dégoût, et dont la ténacité sait résister à tout, même à la certitude de n'être plus aimée ; mais j'ai été heureuse pendant dix ans par l'amour de celui qui avait subjugué mon âme ; et ces dix ans, je les ai passés tête à tête avec lui sans aucun moment de dégoût, ni de langueur. Quand l'âge, les maladies, peut-être aussi un peu la facilité de la jouissance ont diminué son goût, j'ai été longtemps sans m'en apercevoir ; j'aimais pour deux, je passais ma vie entière avec lui, et mon cœur, exempt de soupçon, jouissait du plaisir d'aimer et de l'illusion de se croire aimé. Il est vrai que j'ai perdu cet état si heureux, et que ce n'a pas été sans qu'il m'en ait coûté bien des larmes. Il faut de terribles secousses pour briser de telles chaînes : la plaie de mon cœur a saigné longtemps ; j'ai eu lieu de me plaindre, et j'ai tout pardonné. J'ai été assez juste pour sentir qu'il n'y avait peut-être au monde que mon cœur qui eût cette immutabilité[1] qui anéantit le pouvoir des temps ; que si l'âge et les maladies n'avaient pas entièrement éteint les désirs, ils auraient peut-être encore été pour moi, et que l'amour me l'aurait ramené[2] ; enfin, que son cœur, incapable d'amour, m'aimait de l'amitié la plus tendre, et m'aurait consacré sa vie. La certitude de l'impossibilité du retour de son goût et de sa passion, que je sais bien qui

1. ***Immutabilité*** : constance.
2. ***L'amour me l'aurait ramené*** : on sait aujourd'hui qu'à l'époque où Mme du Châtelet écrit ces lignes, Voltaire avait déjà noué d'autres liaisons, dont celle avec sa nièce, Mme Denis.

n'est pas dans la nature, a amené insensiblement mon cœur au sentiment paisible de l'amitié; et ce sentiment, joint à la passion de l'étude, me rendait assez heureuse.

Mais un cœur aussi tendre peut-il être rempli par un sentiment aussi paisible et aussi faible que celui de l'amitié ? Je ne sais si on doit espérer, si on doit souhaiter même de tenir toujours à cette sensibilité dans l'espèce d'apathie à laquelle il est difficile de l'amener[1]. On n'est heureux que par des sentiments vifs et agréables ; pourquoi donc s'interdire les plus vifs et les plus agréables de tous ? Mais ce qu'on a éprouvé, les réflexions qu'on a été obligé de faire pour amener son cœur à cette apathie, la peine même qu'on a eue de l'y réduire, doit faire craindre de quitter un état qui n'est pas malheureux pour essuyer des malheurs que l'âge et la perte de la beauté rendraient inutiles.

Belles réflexions, me dira-t-on, et bien utiles ! Vous verrez de quoi elles vous serviront, si vous avez jamais du goût pour quelqu'un qui devienne amoureux de vous ; mais je crois qu'on se trompe si l'on croit que ces réflexions soient inutiles. Les passions, au-delà de trente ans, ne nous emportent plus avec la même impétuosité[2]. Croyez qu'on résisterait à son goût, si on le voulait bien fortement, et qu'on fût bien persuadé qu'il fera notre malheur. On n'y cède que parce qu'on n'est pas bien convaincu de la sûreté de ces maximes, et qu'on espère encore d'être heureux, et on a raison de se le persuader. Pourquoi s'interdire l'espérance d'être heureux, et de la

1. ***Je ne sais [...] amener*** : après avoir eu bien des difficultés à se défaire de son amour, doit-on souhaiter retomber amoureux ?

2. ***Impétuosité*** : force.

manière la plus vive ? Mais s'il ne faut pas s'interdire cette espérance, il n'est pas permis de se tromper sur les moyens du bonheur ; l'expérience doit du moins nous apprendre à compter avec nous-mêmes, et à faire servir nos passions à notre bonheur. On peut prendre sur soi jusqu'à un certain point ; nous ne pouvons pas tout, sans doute, mais nous pouvons beaucoup ; et j'avance, sans crainte de me tromper, qu'il n'y a point de passion qu'on ne puisse surmonter, quand on s'est bien convaincu qu'elle ne peut servir qu'à notre malheur. Ce qui nous égare sur cela dans notre première jeunesse, c'est que nous sommes incapables de réflexions, que nous n'avons point d'expérience, et que nous nous figurons que nous rattraperons le bien que nous avons perdu, à force de courir après ; mais l'expérience et la connaissance du cœur humain nous apprennent que plus nous courons après, et plus il nous fuit. C'est une perspective trompeuse qui disparaît quand nous croyons l'atteindre. Le goût est une chose involontaire qui ne se persuade point, qui ne se ranime presque jamais. Quel est votre but quand vous cédez au goût que vous avez pour quelqu'un ? N'est-ce pas d'être heureux par le plaisir d'aimer et par celui de l'être ? Autant donc il serait ridicule de se refuser à ce plaisir par la crainte d'un malheur à venir que peut-être vous n'éprouverez qu'après avoir été fort heureux, et alors il y aurait compensation, et vous devez songer à vous guérir et non à vous repentir, autant une personne raisonnable aurait à rougir si elle ne tenait pas son bonheur dans sa main, et si elle le mettait entièrement dans celle d'un autre.

Le grand secret pour que l'amour ne nous rende pas malheureux, c'est de tâcher de n'avoir jamais tort avec votre amant, de ne lui jamais montrer d'empressement quand il se refroidit, et d'être toujours d'un degré plus froide que lui ; cela ne le ramènera pas, mais rien ne le ramènerait : il n'y a rien à faire qu'à oublier quelqu'un qui cesse de nous aimer. S'il vous aime encore, rien n'est capable de le réchauffer et de rendre à son amour sa première ardeur que la crainte de vous perdre et d'être moins aimé. Je sais que ce secret est difficile à pratiquer pour les âmes tendres et vraies ; mais elles ne peuvent trop cependant prendre sur elles pour le pratiquer, d'autant plus qu'il leur est bien plus nécessaire qu'à d'autres. Rien ne dégrade tant que les démarches qu'on fait pour regagner un cœur froid ou inconstant : cela nous avilit[1] aux yeux de celui que nous cherchons à conserver, et à ceux des hommes qui pourraient penser à nous ; mais ce qui est bien pis, cela nous rend malheureux et nous tourmente inutilement. Il faut donc suivre cette maxime avec un courage inébranlable, et ne jamais céder sur cela à notre propre cœur ; il faut tâcher de connaître le caractère de la personne à qui on s'attache, avant de céder à son goût ; il faut que la raison soit reçue dans le conseil, non cette raison qui condamne toute espèce d'engagement comme contraire au bonheur, mais celle qui, en convenant qu'on ne peut être fort heureux sans aimer, veut qu'on n'aime que pour son bonheur, et qu'on surmonte un goût dans lequel on voit évidemment qu'on n'essuierait que des malheurs ; mais quand ce goût a été le plus fort, quand il l'a emporté sur la raison, comme cela n'arrive que trop, il ne faut point

1. ***Avilit*** : rabaisse.

se piquer d'une constance[1] qui serait aussi ridicule que déplacée. C'est bien le cas de pratiquer le proverbe, *les plus courtes folies sont les meilleures* ; ce sont surtout les plus courts malheurs : car il y a des folies qui rendraient fort heureux, si elles duraient toute la vie ; il ne faut point rougir de s'être trompé ; il faut se guérir, quoi qu'il en coûte, et surtout éviter la présence d'un objet qui ne peut que vous agiter, et vous faire perdre le fruit de vos réflexions : car chez les hommes la coquetterie[2] survit à l'amour ; ils ne veulent perdre ni leur conquête ni leur victoire, et par mille coquetteries ils savent rallumer un feu mal éteint, et vous tenir dans un état d'incertitude aussi ridicule qu'insupportable. Il faut trancher dans le vif, il faut rompre sans retour ; il faut, dit M. de Richelieu[3], découdre l'amitié et déchirer l'amour ; enfin, c'est à la raison à faire notre bonheur : dans l'enfance, nos sens se chargent seuls de ce soin ; dans la jeunesse, le cœur et l'esprit commencent à s'en mêler avec cette subordination, que le cœur décide de tout ; mais dans l'âge mûr, la raison doit être de la partie, c'est à elle à nous faire sentir qu'il faut être heureux, quoi qu'il en coûte. Chaque âge a ses plaisirs qui lui sont propres ; ceux de la vieillesse sont les plus difficiles à obtenir ; le *jeu* et l'*étude*, si on en est encore capable, la *gourmandise*, la *considération*[4], voilà les ressorts de la vieillesse. Tout cela n'est sans doute que des consolations.

---

1. ***Il ne faut point se piquer d'une constance*** : il ne faut pas s'obstiner par orgueil dans un amour malheureux.
2. ***La coquetterie*** : le désir de séduire.
3. ***M. de Richelieu*** (1696-1788) : duc et maréchal de France, mécène et libertin, ami de Voltaire et de Mme du Châtelet.
4. ***Considération*** : estime.

Heureusement qu'il ne tient qu'à nous d'avancer le terme de notre vie[1], s'il se fait trop attendre ; mais tant que nous nous résolvons à la supporter, il faut tâcher de faire pénétrer le plaisir par toutes les portes qui l'introduisent jusqu'à notre âme ; nous n'avons pas d'autres affaires.

Tâchons donc de nous bien porter, de n'avoir point de préjugés, d'avoir des passions, de les faire servir à notre bonheur, de remplacer nos passions par des goûts, de conserver précieusement nos illusions, d'être vertueux, de ne jamais nous repentir, d'éloigner de nous les idées tristes, et de ne jamais permettre à notre cœur de conserver une étincelle de goût pour quelqu'un dont le goût diminue et qui cesse de nous aimer. Il faut bien quitter l'amour un jour, pour peu qu'on vieillisse, et ce jour doit être celui où il cesse de nous rendre heureux. Enfin, songeons à cultiver le goût de l'étude, ce goût qui ne fait dépendre notre bonheur que de nous-mêmes. Préservons-nous de l'ambition, et surtout sachons bien ce que nous voulons être ; décidons-nous sur la route que nous voulons prendre pour passer notre vie, et tâchons de la semer de fleurs.

1. ***Heureusement qu'il ne tient qu'à nous d'avancer le terme de notre vie*** : Mme du Châtelet évoque la possibilité du suicide, considéré par l'Église catholique comme un grave péché.

VOLTAIRE

Memnon ou la Sagesse humaine

■ *Voltaire* (1718), Nicolas de Largillière (1656-1746).

Memnon [1] conçut un jour le projet insensé d'être parfaitement sage. Il n'y a guère d'hommes à qui cette folie n'ait quelquefois passé par la tête. Memnon se dit à lui-même : «Pour être très sage, et par conséquent très heureux, il n'y a qu'à être sans passions [2] ; et rien n'est plus aisé, comme on sait. Premièrement, je n'aimerai jamais de femme ; car, en voyant une beauté parfaite, je me dirai à moi-même : ces joues-là se rideront un jour ; ces beaux yeux seront bordés de rouge ; cette gorge [3] ronde deviendra plate et pendante ; cette belle tête deviendra chauve. Or je n'ai qu'à la voir à présent des mêmes yeux dont je la verrai alors, et assurément cette tête ne fera pas tourner la mienne.

«En second lieu je serai toujours sobre ; j'aurai beau être tenté par la bonne chère [4], par des vins délicieux, par la séduction de la société ; je n'aurai qu'à me représenter les suites des excès, une tête pesante, un estomac embarrassé, la perte de la raison, de la santé et du temps, je ne mangerai alors que pour le besoin ; ma santé sera toujours égale,

---

1. ***Memnon*** : dans la mythologie grecque, il s'agit du nom d'un guerrier troyen. C'est aussi le titre de la première version de *Zadig* publiée en 1747 : *Memnon, histoire orientale*.
2. ***Passions*** : voir note 1, p. 7.
3. ***Gorge*** : poitrine.
4. ***La bonne chère*** : la nourriture appétissante, des repas agréables aux sens.

mes idées toujours pures et lumineuses. Tout cela est si facile qu'il n'y a aucun mérite à y parvenir.

« Ensuite, disait Memnon, il faut penser un peu à ma fortune ; mes désirs sont modérés ; mon bien est solidement placé sur le receveur général des finances[1] de Ninive[2] ; j'ai de quoi vivre dans l'indépendance : c'est là le plus grand des biens. Je ne serai jamais dans la cruelle nécessité de faire ma cour ; je n'envierai personne, et personne ne m'enviera. Voilà qui est encore très aisé. J'ai des amis, continuait-il, je les conserverai, puisqu'ils n'auront rien à me disputer. Je n'aurai jamais d'humeur avec eux[3], ni eux avec moi ; cela est sans difficulté. »

Ayant fait ainsi son petit plan de sagesse[4] dans sa chambre, Memnon mit la tête à la fenêtre. Il vit deux femmes qui se promenaient sous des platanes auprès de sa maison. L'une était vieille, et paraissait ne songer à rien ; l'autre était jeune, jolie, et semblait fort occupée. Elle soupirait, elle pleurait, et n'en avait que plus de grâces. Notre sage fut touché, non pas de la beauté de la dame (il était bien sûr de ne pas sentir une telle faiblesse), mais de l'affliction[5] où il la voyait.

---

1. ***Receveur général des finances*** : officier chargé de gérer les finances du roi.
2. ***Ninive*** : cité ancienne et prospère située sur les bords du Tibre, en Mésopotamie (aujourd'hui en Irak). Dans la Bible, au livre de Jonas, Ninive est présentée comme une ville maudite, dont les habitants sont pervertis.
3. ***Je n'aurai jamais d'humeur avec eux*** : je ne me fâcherai jamais avec eux.
4. ***Son petit plan de sagesse*** : il correspond aux théories du *Discours en vers sur l'homme*, publié par Voltaire en 1738. Le premier article affirmait : « Sois sage, il te suffit, ton bonheur est certain. » Le deuxième faisait l'éloge de la modération, le troisième invitait à rechercher l'indépendance et l'amitié, et à bannir l'envie. Voltaire calque donc, avec ironie, les réflexions de Memnon sur son propre discours.
5. ***L'affliction*** : le chagrin.

Il descendit ; il aborda la jeune Ninivienne dans le dessein [1] de la consoler avec sagesse. Cette belle personne lui conta, de l'air le plus naïf et le plus touchant, tout le mal que lui faisait un oncle qu'elle n'avait point ; avec quels artifices il lui avait enlevé un bien qu'elle n'avait jamais possédé, et tout ce qu'elle avait à craindre de sa violence.

« Vous me paraissez un homme de si bon conseil, lui dit-elle, que si vous aviez la condescendance de venir jusque chez moi, et d'examiner mes affaires, je suis sûre que vous me tireriez du cruel embarras où je suis. »

Memnon n'hésita pas à la suivre, pour examiner sagement ses affaires, et pour lui donner un bon conseil.

La dame affligée le mena dans une chambre parfumée, et le fit asseoir avec elle poliment sur un large sofa, où ils se tenaient tous deux les jambes croisées vis-à-vis l'un de l'autre. La dame parla en baissant les yeux, dont il échappait quelquefois des larmes, et qui en se relevant rencontraient toujours les regards du sage Memnon. Ses discours étaient pleins d'un attendrissement qui redoublait toutes les fois qu'ils se regardaient. Memnon prenait ses affaires extrêmement à cœur, et se sentait de moment en moment la plus grande envie d'obliger une personne si honnête et si malheureuse. Ils cessèrent insensiblement, dans la chaleur de la conversation, d'être vis-à-vis l'un de l'autre. Leurs jambes ne furent plus croisées. Memnon la conseilla de si près, et lui donna des avis si tendres, qu'ils ne pouvaient ni l'un ni l'autre parler d'affaires, et qu'ils ne savaient plus où ils en étaient.

Comme ils en étaient là, arrive l'oncle, ainsi qu'on peut bien le penser : il était armé de la tête aux pieds ; et la

1. ***Le dessein*** : l'intention.

première chose qu'il dit fut qu'il allait tuer, comme de raison, le sage Memnon et sa nièce ; la dernière qui lui échappa fut qu'il pouvait pardonner pour beaucoup d'argent. Memnon fut obligé de donner tout ce qu'il avait. On était heureux dans ce temps-là d'en être quitte à si bon marché ; l'Amérique n'était pas encore découverte [1], et les dames affligées n'étaient pas à beaucoup près si dangereuses qu'elles le sont aujourd'hui.

Memnon, honteux et désespéré, rentra chez lui : il y trouva un billet qui l'invitait à dîner [2] avec quelques-uns de ses intimes amis.

« Si je reste seul chez moi, dit-il, j'aurai l'esprit occupé de ma triste aventure, je ne mangerai point ; je tomberai malade : il vaut mieux aller faire avec mes amis intimes un repas frugal [3]. J'oublierai, dans la douceur de leur société, la sottise que j'ai faite ce matin. »

Il va au rendez-vous ; on le trouve un peu chagrin. On le fait boire pour dissiper sa tristesse. Un peu de vin pris modérément est un remède pour l'âme et pour le corps. C'est ainsi que pense le sage Memnon ; et il s'enivre. On lui propose de jouer après le repas. Un jeu réglé avec des amis est un passe-temps honnête. Il joue ; on lui gagne tout ce qu'il a dans sa bourse, et quatre fois autant sur sa parole. Une dispute s'élève sur le jeu, on s'échauffe [4] : l'un

---

1. ***L'Amérique n'était pas encore découverte*** : Voltaire situe son conte à Ninive, soit dans l'Antiquité. Selon Voltaire, la maladie vénérienne de la vérole a été importée en Europe « au retour du premier voyage de Christophe Colomb » (voir *L'Homme aux quarante écus* et le chapitre 4 de *Candide*, où Pangloss raconte lui aussi que la vérole a été rapportée par Colomb).

2. ***Dîner*** : au XVIIIe siècle, il s'agit du déjeuner.

3. ***Frugal*** : léger.

4. ***On s'échauffe*** : on s'emporte, on se met en colère. On peut y voir une allusion à une mésaventure de Voltaire. En octobre 1747, alors que Mme du Châtelet perd

de ses amis intimes lui jette à la tête un cornet, et lui crève un œil. On rapporte chez lui le sage Memnon ivre, sans argent, et ayant un œil de moins.

Il cuve un peu son vin, et dès qu'il a la tête plus libre, il envoie son valet chercher de l'argent chez le receveur général des finances de Ninive pour payer ses intimes amis : on lui dit que son débiteur[1] a fait le matin une banqueroute frauduleuse[2] qui met en alarme cent familles. Memnon, outré, va à la cour avec un emplâtre[3] sur l'œil et un placet[4] à la main pour demander justice au roi contre le banqueroutier. Il rencontre dans un salon plusieurs dames qui portaient toutes d'un air aisé des cerceaux de vingt-quatre pieds de circonférence[5]. L'une d'elles, qui le connaissait un peu, dit en le regardant de côté :

« Ah ! l'horreur ! »

Une autre, qui le connaissait davantage, lui dit :

« Bonsoir, Monsieur Memnon ; mais vraiment, Monsieur Memnon, je suis fort aise de vous voir ; à propos, Monsieur Memnon, pourquoi avez-vous perdu un œil ? »

---

une forte somme d'argent au jeu de la reine, Voltaire insulte les joueurs (« Vous jouez avec des filous »). Le scandale sera tel que le défenseur de Mme du Châtelet devra se cacher à Sceaux, chez la duchesse du Maine, où il écrira sa première version de *Zadig*.

1. ***Débiteur*** : personne qui doit une somme à une autre.

2. ***Banqueroute frauduleuse*** : faillite subite, sans doute liée ici à un détournement de fonds.

3. ***Emplâtre*** : remède formé d'une substance collante et gluante qu'on applique sur le corps.

4. ***Un placet*** : une requête, adressée ici au roi pour lui demander justice.

5. ***Des cerceaux de vingt-quatre pieds de circonférence*** : allusion aux robes à crinoline, dont le diamètre serait d'environ huit pieds, soit plus de deux mètres.

Et elle passa sans attendre sa réponse. Memnon se cacha dans un coin, et attendit le moment où il pût se jeter aux pieds du monarque. Ce moment arriva. Il baisa trois fois la terre, et présenta son placet. Sa gracieuse Majesté le reçut très favorablement, et donna le mémoire à un de ses satrapes[1] pour lui en rendre compte[2]. Le satrape tire Memnon à part, et lui dit d'un air de hauteur, en ricanant amèrement :

« Je vous trouve un plaisant borgne de vous adresser au roi plutôt qu'à moi, et encore plus plaisant d'oser demander justice contre un honnête banqueroutier que j'honore de ma protection, et qui est le neveu d'une femme de chambre de ma maîtresse. Abandonnez cette affaire-là, mon ami, si vous voulez conserver l'œil qui vous reste. »

Memnon, ayant ainsi renoncé le matin aux femmes, aux excès de table, au jeu, à toute querelle, et surtout à la cour, avait été avant la nuit trompé et volé par une belle dame, s'était enivré, avait joué, avait eu une querelle, s'était fait crever un œil, et avait été à la cour, où l'on s'était moqué de lui.

Pétrifié d'étonnement et navré de douleur, il s'en retourne la mort dans le cœur. Il veut rentrer chez lui ; il y trouve des huissiers qui démeublaient sa maison de la part de ses créanciers. Il reste presque évanoui sous un platane ; il y rencontre la belle dame du matin, qui se promenait avec son cher oncle, et qui éclata de rire en voyant Memnon avec son emplâtre. La nuit vint ; Memnon se coucha sur de la paille auprès des murs de sa maison. La

1. ***Satrapes*** : gouverneurs de province qui disposaient d'un pouvoir administratif et judiciaire étendu et levaient les impôts.

2. ***Pour lui en rendre compte*** : pour qu'il lui fasse un compte rendu.

fièvre le saisit; il s'endormit dans l'accès, et un esprit céleste lui apparut en songe[1].

Il était tout resplendissant de lumière. Il avait six belles ailes, mais ni pieds, ni tête, ni queue, et ne ressemblait à rien.

« Qui es-tu ? lui dit Memnon.

– Ton bon génie, lui répondit l'autre.

– Rends-moi donc mon œil, ma santé, mon bien, ma sagesse », lui dit Memnon.

Ensuite il lui conta comment il avait perdu tout cela en un jour.

« Voilà des aventures qui ne nous arrivent jamais dans le monde que nous habitons, dit l'esprit.

– Et quel monde habitez-vous ? dit l'homme affligé.

– Ma patrie, répondit-il, est à cinq cents millions de lieues[2] du soleil, dans une petite étoile auprès de Sirius[3], que tu vois d'ici.

– Le beau pays ! dit Memnon; quoi ! vous n'avez point chez vous de coquines qui trompent un pauvre homme, point d'amis intimes qui lui gagnent son argent et qui lui crèvent un œil, point de banqueroutiers, point de satrapes qui se moquent de vous en vous refusant justice ?

– Non, dit l'habitant de l'étoile, rien de tout cela. Nous ne sommes jamais trompés par les femmes, parce que nous

---

1. ***Un esprit céleste lui apparut en songe*** : cet épisode rappelle l'ange aux quatre ailes et au « corps majestueux et resplendissant de lumière », qui apparaît à la fin de *Zadig*.

2. ***Lieues*** : la lieue est une ancienne unité de mesure qui équivaut à environ 3,8 kilomètres.

3. ***Dans une petite étoile auprès de Sirius*** : on retrouve le thème de la pluralité des mondes, qu'aborde Voltaire dans *Micromégas*, et qui lui permet de relativiser les mœurs et les normes du nôtre.

n'en avons point ; nous ne faisons point d'excès de table, parce que nous ne mangeons point ; nous n'avons point de banqueroutiers, parce qu'il n'y a chez nous ni or ni argent ; on ne peut pas nous crever les yeux, parce que nous n'avons point de corps à la façon des vôtres ; et les satrapes ne nous font jamais d'injustice, parce que dans notre petite étoile tout le monde est égal. »

Memnon lui dit alors :

« Monseigneur, sans femme et sans dîner, à quoi passez-vous votre temps ?

– À veiller, dit le génie, sur les autres globes qui nous sont confiés ; et je viens pour te consoler.

– Hélas ! reprit Memnon, que ne veniez-vous la nuit passée pour m'empêcher de faire tant de folies ?

– J'étais auprès d'Assan, ton frère aîné, dit l'être céleste. Il est plus à plaindre que toi. Sa Gracieuse Majesté le roi des Indes, à la cour duquel il a l'honneur d'être, lui a fait crever les deux yeux pour une petite indiscrétion, et il est actuellement dans un cachot, les fers aux pieds et aux mains.

– C'est bien la peine, dit Memnon, d'avoir un bon génie dans une famille pour que, de deux frères, l'un soit borgne, l'autre aveugle ; l'un couché sur la paille, l'autre en prison.

– Ton sort changera, reprit l'animal de l'étoile. Il est vrai que tu seras toujours borgne ; mais, à cela près, tu seras assez heureux, pourvu que tu ne fasses jamais le sot projet d'être parfaitement sage.

– C'est donc une chose à laquelle il est impossible de parvenir ? s'écria Memnon en soupirant.

– Aussi impossible, lui répliqua l'autre, que d'être parfaitement habile, parfaitement fort, parfaitement puissant, parfaitement heureux. Nous-mêmes, nous en sommes bien loin. Il y a un globe où tout cela se trouve ; mais dans les cent mille millions de mondes qui sont dispersés dans l'étendue tout se suit par degrés. On a moins de sagesse et de plaisir dans le second que dans le premier, moins dans le troisième que dans le second, ainsi du reste jusqu'au dernier, où tout le monde est complètement fou.

– J'ai bien peur, dit Memnon, que notre petit globe terraqué ne soit précisément les petites-maisons [1] de l'univers dont vous me faites l'honneur de me parler.

– Pas tout à fait, dit l'esprit ; mais il en approche : il faut que tout soit en sa place.

– Eh mais ! dit Memnon, certains poètes, certains philosophes, ont donc grand tort de dire que *tout est bien* [2] ?

– Ils ont grande raison, dit le philosophe de là-haut, en considérant l'arrangement de l'univers entier.

– Ah ! je ne croirai cela, répliqua le pauvre Memnon, que quand je ne serai plus borgne. »

---

1. ***Petites-maisons*** : nom d'un hospice parisien, célèbre pour son asile d'aliénés.

2. ***Tout est bien*** : allusion à la formule de Pope (1688-1744), poète anglais qui vulgarise la théorie leibnizienne du meilleur des mondes. La dernière réplique de Memnon, affligé par le mal qui lui blesse la vue au sens propre comme au figuré, annonce les réticences croissantes de Voltaire à l'encontre de l'optimisme de Leibniz.

SAINT-LAMBERT

Sara Th…

■ Portrait de Saint-Lambert (anonyme).

NOTE DE L'ÉDITEUR : texte modernisé à partir de l'édition de 1869.

Il y avait plus de cinq ans que j'avais achevé mes voyages, et qu'après avoir étudié l'homme dans les différentes parties de l'Europe, dans les grandes villes, dans les cours, dans les états de la vie les plus enviés [1], j'étais persuadé que les pays que j'avais vus et le mien même n'étaient pas la patrie du bonheur et de la raison. Ma famille voulait me marier : mon père se flattait de me trouver une femme qui me ferait oublier une parente que j'avais aimée dans mon enfance, et que la mort m'avait enlevée. En attendant, il voulait que je m'occupasse des biens qui devaient m'être cédés au moment de mon mariage. Il me fit partir pour le nord de l'Écosse où nous possédons une terre aux environs d'Aberdeen [2]. Je me mis en chemin vers la fin du printemps et dans les plus beaux moments de l'année. Le soleil était prêt à se coucher lorsque j'arrivai à huit milles d'Hamstead [3] (c'est le nom de cette campagne).

---

1. ***Il y avait plus de cinq ans [...] enviés*** : ce début évoque la formation humaniste des jeunes gens de bonne famille, où l'étude des langues, de l'histoire et des sciences doit être complétée par de l'exercice physique et des voyages.
2. ***Aberdeen*** : ville située au nord de l'Écosse, au bord de la mer du Nord.
3. ***À huit milles d'Hamstead*** : village imaginaire au nord-est de l'Écosse, à presque treize kilomètres d'Aberdeen, si l'on considère que le mille équivaut à la mesure anglaise du mile, soit 1 609 mètres.

Je savais qu'elle était mal bâtie et mal meublée, et que je ne pouvais y trouver qu'un mauvais souper et un méchant[1] lit. J'étais fatigué et j'avais faim ; je me déterminai à passer la nuit dans une métairie[2] qui par sa situation, et par un certain air de commodité, de propreté et d'abondance champêtre avait fixé mon attention.

Cette ferme était placée sur le penchant d'un coteau[3] qui la garantissait[4] du vent d'ouest si violent dans ces contrées. Elle était à cent toises[5] d'une petite rivière qui coule dans un joli vallon : des prairies artificielles, des vergers remplis de pommiers à cidre, des champs couverts de légumes l'environnaient. Il y avait à quelque distance de la maison un petit bois de hêtres. Des chevaux, des bœufs, des brebis paissaient dans le vallon et sur les coteaux. Quatre enfants de la plus agréable figure jouaient dans une cour peuplée de volaille de toute espèce. À la porte de la cour, je vis une femme de l'âge de vingt-cinq à trente ans. Elle était blonde et fraîche, quoique un peu hâlée[6] ; elle avait de grands yeux noirs et une gorge[7] très blanche qu'elle laissait voir tout entière en donnant à téter à un enfant de cinq ou six mois. Il me sembla que les traits de cette charmante paysanne ne m'étaient pas inconnus[8]. Je lui demandai à qui appartenait cette ferme, et si mes gens et moi

---

1. ***Méchant lit*** : lit en mauvais état.
2. ***Métairie*** : ferme.
3. ***Un coteau*** : une petite colline.
4. ***Garantissait*** : voir note 3, p. 56.
5. ***Toises*** : la toise est une unité de mesure qui équivaut à un peu moins de deux mètres.
6. ***Hâlée*** : brunie par le soleil. Le visage de Sara, qui travaille en plein air, n'a pas la pâleur qui caractérise les aristocrates de l'époque.
7. ***Gorge*** : voir note 3 p. 75.
8. ***Il me sembla que [...] inconnus*** : dès l'*incipit*, le narrateur donne au lecteur des indices pour percer le mystère de Sara.

nous pouvions y passer la nuit : je l'assurai que mes hôtes seraient très contents de nous. Elle me répondit que la ferme appartenait à son mari, que personne ne logeait chez eux pour de l'argent, mais qu'ils recevaient de leur mieux les étrangers de toute sorte d'états. Elle m'invita sur-le-champ à descendre de cheval et me conduisit sans cérémonie à la chambre qu'elle me destinait. Cette chambre était agréable. Les meubles en étaient simples et propres. De la fenêtre, la vue s'étendait et s'enfonçait dans le vallon en suivant le cours et les détours de la petite rivière.

Sara Philips[1] (c'était ainsi que s'appelait la jolie fermière) me dit qu'elle allait préparer mon souper, qu'en attendant j'avais à choisir de me reposer dans ma chambre, ou dans le jardin sur un banc de gazon qui était sous des arbres, auprès d'une petite fontaine. La soirée était belle. L'air avait été brûlant pendant le jour : je choisis de me rendre dans le jardin. Vous avez raison, me dit la fermière, et vous allez goûter deux de nos grands plaisirs, le frais après la chaleur, et le repos après la fatigue. Si cependant vous vouliez lire en attendant le souper, voilà des livres : en disant ces mots elle me montrait un cabinet où j'entrai.

J'étais curieux de voir la bibliothèque d'un paysan. Je m'attendais à y trouver quelques-uns de ces petits romans barbares qui nous viennent des Provençaux, et des livres de dévotion[2]. Je vis d'abord les ouvrages de Tull[3] et à peu

---

1. ***Philips*** : ce n'est sans doute pas un hasard si Saint-Lambert choisit le nom d'un auteur anglais, Ambrose Philips (1674-1749), dont il apprécie les poèmes champêtres.

2. ***Livres de dévotion*** : recueils de prières et de pratiques religieuses.

3. ***Jethro Tull*** (1674-1741) : agronome anglais qui, influencé par les Lumières, a perfectionné l'agriculture, en inventant notamment le semoir.

près tout ce qu'on a écrit de mieux sur l'agriculture : je fus étonné de trouver là les Mémoires de l'Académie de Rennes, livre excellent, mais écrit dans une langue qui devait être inconnue à mes hôtes [1]. Bientôt je ne doutai plus qu'ils n'entendissent [2] le français, lorsque je vis sur une tablette les *Essais* de Montaigne [3], *Le Droit naturel* [4], et le poème de « La Loi naturelle [5] ». Je vis aussi une traduction française du *Prædium Rusticum* [6], poème du jésuite Vanières. Le reste de la bibliothèque était dans notre langue. C'était *Les Caractéristiques* de lord Shaftesbury [7], le *Système moral* d'Hutcheson [8], etc.

« Quoi ! disais-je, des livres de philosophie chez des paysans ! Les meilleurs philosophes anglais et français dans une métairie auprès d'Hamstead ! Ils doivent être bien étonnés de se trouver là ! Quel usage peuvent faire ces

---

1. ***Langue qui devait être inconnue à mes hôtes*** : l'auteur rappelle, à travers les commentaires de son narrateur, que l'histoire se déroule en terre étrangère.
2. ***Entendissent*** : voir note 5, p. 52.
3. ***Essais de Montaigne*** : voir présentation, p. 20.
4. ***Le Droit naturel*** : Saint-Lambert fait peut-être ici allusion aux *Éléments du droit naturel et politique*, essai publié par Thomas Hobbes en 1640.
5. ***La Loi naturelle*** : poème de Voltaire, publié en 1752, et dans lequel il affirme que la raison et le remords sont les fondements de la morale universelle.
6. ***Prædium Rusticum*** : poème en seize livres entièrement composé en latin par un jésuite français, publié entre 1682 et 1730, qui célèbre les plaisirs de la campagne, dans la lignée des *Géorgiques* de Virgile (voir note 4, p. 91).
7. ***Lord Shaftesbury*** : selon le philosophe anglais Shaftesbury (1671-1713), l'homme est tourné vers un idéal où se confondent le vrai, le beau et le bien, dans une nature accueillante. Il conçoit le bonheur comme une prédominance des « affections sociales » sur les « affections privées ». L'harmonie dans la nature et les relations humaines sont des caractéristiques que l'on retrouve à la ferme des Philips.
8. ***Francis Hutcheson*** (1694-1746) : professeur de philosophie morale qui reprend, notamment dans son *Système de philosophie morale* (1755), la pensée de Shaftesbury. Il a enseigné en Écosse.

bonnes gens de tous ces livres ! Ils appartiennent sans doute à quelque gentilhomme du voisinage qui, charmé de cette campagne, ou peut-être de cette fermière, vient passer ici le temps de la belle saison. »

J'achevai ensuite la revue de la bibliothèque [1], je n'y vis plus que quelques livres de mécanique et de médecine pratique, les romans de Richardson [2], des traductions des *Idylles* de Théocrite [3], des *Églogues* et des *Géorgiques* de Virgile [4], des *Poésies* de Tibulle [5], de Gesner [6] et de Haller [7] : je ne vis des ouvrages de nos poètes que les *Pastorales* de Philips, les *Délices de la vie champêtre*, par Cowley, quelques morceaux de Spencer, la fable de *Philémon et Baucis*, par Dryden [8], et « Les Saisons » de Thomson [9] : je pris le poème de *La Loi naturelle*, et j'allai le lire sur le banc de gazon.

---

1. ***La bibliothèque*** : il s'agit de la bibliothèque idéale de Saint-Lambert, dont maints auteurs sont cités dans son *Discours préliminaire* des *Saisons* (1769). Grecs, latins, français, allemands ou anglais, les poètes mentionnés chantent la nature, les amours et les plaisirs champêtres.
2. ***Samuel Richardson*** (1689-1761) : romancier moraliste qui connaît en France un grand succès, notamment sous l'influence de Diderot.
3. ***Théocrite*** (IVe-IIIe siècle av. J.-C.) : poète grec, auteur de poèmes bucoliques qui célèbrent l'amour et les charmes de la campagne.
4. ***Virgile*** (Ier siècle av. J.-C.) : poète latin dont les écrits, notamment sur la nature, ont exercé une grande influence sur la poésie occidentale.
5. ***Tibulle*** (Ier siècle av. J.-C.) : poète latin, contemporain de Virgile, qui aurait initié le genre de l'élégie amoureuse (genre dans lequel le poète exprime ses sentiments amoureux).
6. ***Salomon Gessner*** (1730-1788) : poète suisse, considéré à son époque comme « le nouveau Théocrite ».
7. ***Albrecht von Haller*** (1708-1777) : écrivain et scientifique suisse.
8. ***Ambrose Philips*** (1674-1749), ***Abraham Cowley*** (1618-1667), ***Edmund Spencer*** (1552-1599), ***John Dryden*** (1631-1700) : poètes anglais.
9. ***« Les Saisons » de Thomson*** : poème dont s'inspire Saint-Lambert pour écrire son œuvre la plus célèbre. Les descriptions de la nature qui émaillent

Je m'étais à peine assis que j'entendis de grands cris autour de la maison. Les enfants qui m'avaient suivi dans le jardin et qui m'examinaient curieusement coururent à la porte. J'y vis courir la fermière : ils allaient au-devant d'un chariot vide qui entrait dans la cour. Ce chariot était conduit par le fermier qui revenait d'Aberdeen où il avait été vendre du seigle, et où ses affaires l'avaient retenu quelques jours. Je connus aisément le maître du logis à la manière dont il fut reçu. Sa femme l'embrassa tendrement. Elle prit deux de ses enfants sur ses bras, elle les éleva jusqu'aux joues de leur père qui se laissa baiser[1]. Il tenait en même temps par les mains deux autres de ses enfants qui attendaient leur tour de le baiser aussi. Après ces douces caresses, ils vinrent tous vers le jardin, et j'allai au-devant d'eux. Le fermier était un homme de trente ans, fort bien fait. Son visage était assez beau, et sa physionomie était noble et agréable. Il me remercia de la préférence que j'avais donnée à sa maison pour y passer la nuit. Ils me quittèrent ensuite, et je les vis entrer dans une chambre qui donnait sur le jardin et dont la fenêtre était ouverte : ils allèrent ensemble vers un berceau où reposait leur cinquième enfant. Ils se courbaient tous deux sur le berceau, et tour à tour regardaient l'enfant et se regardaient en se tenant par la main, et en souriant. J'étais enchanté du spectacle touchant de cet amour conjugal et de cette tendresse paternelle.

Le souper étant prêt, nous allâmes nous mettre à table. Mes hôtes me demandèrent la permission de faire manger

---

Sara Th... font écho à ce poème qui donne son titre au recueil (voir chronologie, p. 39).

1. ***Baiser*** : embrasser.

leurs domestiques et même les miens avec moi ; j'y consentis. La table était servie proprement. Elle était couverte de poudings [1] et de légumes, et d'un rôti de bœuf. Tous ces mets avaient le meilleur air du monde. Les sièges étaient commodes, mais il n'y avait qu'un fauteuil qui était destiné à un vieillard qu'on me présenta : c'était le père du fermier. Il me fit un accueil fort honnête, et nous nous assîmes.

J'étais auprès de la fermière. Je remarquai qu'elle envoya une jeune servante se placer auprès d'un jeune berger : je demandai si c'étaient de nouveaux mariés. Ils ne sont pas mariés, dit-elle, mais ils s'aiment, ils ne se sont pas vus de la journée, et ils auront du plaisir à être assis l'un auprès de l'autre. Je vis qu'elle envoyait à un de ses valets un plat qu'il aimait beaucoup et qui était là pour lui seul. Elle fit donner du cidre à ceux dont les travaux avaient été les plus pénibles. Elle rendait raison du choix des mets qui étaient servis. Elle disait pourquoi, ce jour-là, certains légumes ne paraissaient pas sur la table, pourquoi elle en avait préféré d'autres, pourquoi elle avait donné un certain assaisonnement : c'était toujours pour augmenter le plaisir du souper qu'elle avait tout fait. Cette femme me paraissait singulière ; le fermier avait les mêmes attentions et les mêmes recherches sur les plaisirs de la table. Le repas était simple et excellent, les convives étaient sobres et sensuels [2]. L'égalité régnait dans cette maison. Les domestiques étaient familiers avec les maîtres ; ils ne leur montraient pas du respect, mais beaucoup de zèle et d'amour.

1. ***Poudings*** : plats composés de mie de pain, de moelle de bœuf, et de raisins de Corinthe.

2. ***Sensuels*** : enclins au plaisir des sens (comme le goût).

Lorsqu'on eut un peu calmé la faim, on se parla. Le fermier me fit des questions sur le paysage des lieux que j'avais traversés ; il me vanta celui des environs de sa métairie et me pressa de rester le lendemain pour le voir. Sa femme et lui s'occupaient de moi, sans oublier leurs domestiques. Ils louaient les uns de leur gaieté dans le travail, les autres d'un service qu'ils avaient rendu ; ils leur parlaient de la beauté du jour, du chant du rossignol, des fleurs, des espérances de la moisson, de leurs amours. Les domestiques se parlaient entre eux de ces plaisirs charmants, et tous paraissaient les sentir.

C'était surtout du vieux père qu'on était occupé. Je n'avais jamais vu de vieillard plus affable [1], plus gai : je le dis à la fermière.

« Monsieur, me dit-elle, ce sont les vieillards qu'on néglige qui ont de l'humeur ; dès qu'on veut bien les compter encore pour quelque chose, ils en savent gré et ils sont doux. »

Je vis qu'on exhortait [2] le bonhomme à boire. J'en fus un peu étonné.

« Monsieur, me dit la fermière, je crois que dans le cours de la vie il faut s'occuper du soin de retarder la vieillesse, mais qu'il faut se borner dans la vieillesse à rappeler le sentiment [3] de la vie. »

Ces réponses me surprenaient ; je ne doutai plus que la bibliothèque ne fût à l'usage de mes hôtes, et je leur parlai de leurs livres. Ils me répondirent avec esprit. Je me récriai

---

1. ***Affable*** : bienveillant, aimable.
2. ***Exhortait*** : incitait.
3. ***Le sentiment*** : le souvenir, la sensation.

sur l'étonnement que me causaient leurs lumières et surtout celles de Sara.

« Quoi ! disais-je, une jeune femme ! À la campagne !...

– Oh ! Vous ne connaissez pas Sara, me dit le vieillard qui commençait à être un peu ivre. Ô le divin cœur, le divin cœur ! Si vous saviez ce qu'elle a quitté pour nous ! Oh ! Si je pouvais me lever, j'irais lui baiser les pieds. »

Sara me parut craindre l'indiscrétion de son beau-père, elle était embarrassée, elle rougissait. Philips (c'était le nom de son mari) pria instamment le vieillard de ne pas révéler un secret qu'il avait promis de garder.

« Je ne dirai rien, dit le bonhomme, je ne dirai rien : une fille si belle ! Qui avait tant de richesses ! Qui est si savante ! Cela vous lève une gerbe[1] ! Aujourd'hui qu'elle mène quelquefois un chariot, songe-t-elle à son carrosse !... »

La fermière se leva, fit ôter les plats et apporter le dessert : il était composé de fraises très parfumées, de groseilles, de cerises et d'excellente crème. En même temps, de jeunes servantes jonchaient de fleurs les environs de la table et en bordaient les plats.

Ce spectacle réjouit le bon vieillard ; et, soit qu'il s'en occupât, soit qu'il craignît de déplaire à sa belle-fille, il se tut.

« Je n'ai pas fait apporter des fleurs au premier service, me dit Sara, parce qu'alors l'odeur des mets est très agréable. Mais dès qu'on ne veut plus en manger, on ne veut plus les sentir, et c'est alors qu'on aime le parfum des fleurs. »

1. ***Cela vous lève une gerbe*** : cela suscite l'admiration.

J'admirais l'intelligence de Sara dans l'art de rendre les sensations agréables plus agréables encore, et combien elle trouvait de voluptés[1] sans s'écarter de la plus simple nature. Philips et Sara me paraissaient si vivement occupés l'un de l'autre, si remplis d'attention, si heureux ! Je n'ai jamais vu d'union si délicieuse, parce qu'il est fort rare de trouver entre deux personnes les rapports qui étaient entre eux : ils avaient le même degré de sensibilité, les mêmes goûts, les mêmes opinions.

Peu de temps après le souper, mes hôtes me conduisirent à ma chambre. Philips me fit remarquer la beauté de la nuit, l'or étincelant des astres, le silence de ce moment où la nature commande le repos. Sara ne manqua pas d'aller voir ses enfants ; Philips donna ses ordres, fit la visite de ses écuries, et le couple heureux alla partager un assez bon lit.

J'eus quelque peine à m'endormir : tout ce que je venais de voir me paraissait un songe ; mais c'était un songe que j'aurais voulu faire durer toute ma vie.

Je m'éveillai assez matin[2]. Mais je ne me serais point du tout pressé de partir : j'adorais mes hôtes. Leur demeure, leur genre de vie, l'union des domestiques, la sérénité, la gaieté qui régnaient dans la maison, tout m'enchantait. Pour peu qu'on n'ait ni le cœur ni l'esprit mal faits, on se trouve si bien auprès de la vertu[3] heureuse ! Le spectacle de ses plaisirs est si doux ! Je me levai cependant, mais pénétré du regret de quitter la charmante métairie.

---

1. ***Voluptés*** : plaisirs.
2. ***Assez matin*** : assez tôt.
3. ***Vertu*** : voir note 1, p. 25.

Dès que je fus habillé, je descendis dans la cour où je trouvai Philips et Sara. Le soleil venait de se lever ; le ciel conservait encore une légère nuance de ce jaune brillant qui succède à la blancheur que lui donne le crépuscule et qui précède ce bleu sombre qu'il prend pendant le jour. On respirait le parfum des arbres et des plantes, et ce vent frais qui suit le lever du soleil. La campagne, les hommes et les animaux reprenaient le mouvement. Les troupeaux sortaient de l'étable, les pigeons de la volière, et les poules se répandaient dans la cour. Les domestiques se disposaient au travail. J'avoue que pour la première fois de ma vie je sentis bien le plaisir de voir commencer le jour, et je suis persuadé que Philips et Sara, malgré les foins dont ils s'occupaient alors, n'étaient pas insensibles à ce plaisir.

Je remarquai que, dans la distribution du travail, ils affectaient de placer toujours plusieurs ouvriers ensemble. Ils disaient même aux bergers de conduire leurs troupeaux dans de certains lieux, voisins de ceux où travaillaient les autres domestiques. Cette attention me parut singulière ; je le dis à Sara.

« Les hommes égayent, me dit-elle, le travail qu'ils font ensemble. La joie d'un seul se communique à tous. Si un berger joue de la flûte, un autre chante : plusieurs laboureurs qui conduisent leurs charrues dans des champs voisins, compagnons dans les mêmes peines, les adoucissent l'un avec l'autre. Ils se parlent de leurs espérances, ils s'unissent dans l'égalité de leur sort. Eh ! n'avez-vous jamais vu ceux des travaux champêtres qui sont communs à un plus grand nombre d'hommes rassemblés, comme une fenaison [1], une tondaison [2], une moisson ? C'est là où,

1. ***Fenaison*** : moment de l'année où l'on coupe les foins.
2. ***Tondaison*** : moment où l'on tond la laine des moutons.

malgré l'ardeur du soleil, la soif, la sueur, la fatigue excessive, vous voyez le plaisir, vous entendez des cris de joie. »

Philips prit la parole.

« Je crois, monsieur, dit-il, qu'il y a de certains plaisirs qui pour être bien sentis veulent être goûtés avec plusieurs hommes qui en jouissent en même temps. Plus les salles de spectacles sont remplies, plus les émotions y sont vives et agréables, et il en est ainsi de tous les plaisirs qui naissent en nous de l'admiration. Or qu'y a-t-il que l'on puisse admirer davantage et plus souvent que cette terre, ce ciel, ces eaux, ces bois, ces prés, toutes les grâces et toutes les richesses de la campagne ? Je crois, continua Philips, que les biens que la nature donne à tous en communauté sont précisément ceux qui augmentent de prix quand ils sont goûtés à la fois par un grand nombre. On aime à partager le plaisir d'un beau jour, d'une vue agréable, du parfum des fleurs, parce que ce partage n'ôte rien.

– Oui, dit Sara, et dès que le partage n'ôte rien au plaisir, il l'augmente. Les poètes ont trop vanté le charme de la solitude en parlant des délices de la campagne. Il semble quelquefois, à les entendre, qu'on ne puisse bien jouir de ces délices que loin des hommes. Mais c'est des hommes de la cour et de la ville qu'ils ont voulu parler, c'est-à-dire des hommes dont l'âme sèche, dure ou frivole[1] aurait été insensible au charme de la nature. Une preuve certaine que les poètes sentaient le besoin de communiquer leur plaisir pour l'augmenter, c'est qu'ils ont peint les beautés qu'ils admiraient, et qu'ils ont voulu transmettre les impressions qu'ils avaient reçues jusqu'à la dernière postérité. »

1. ***Frivole*** : superficielle.

Cette conversation, si délicieuse pour moi, fut interrompue par les faneurs[1] qui sortirent en troupe de la maison. Ils étaient accompagnés par l'aîné des enfants de Sara, qui portait un râteau ; et jamais roi n'a été si fier de son sceptre que cet enfant l'était de son râteau. Vous voyez, dit la mère, commencer le plaisir d'être utile, et le noviciat[2] de l'agriculture.

« Tout ce que vous dites et tout ce que je vois, divine Sara, lui répondis-je, m'inspire pour votre mari et pour vous le respect le plus profond et l'admiration la plus vive. Je voudrais passer entre vous le reste de ma vie, et mériter l'amitié de l'un et de l'autre. Votre voisinage me rend précieux un bien dont je ne tenais pas compte. J'y viendrai souvent pour jouir de votre conversation et du spectacle des vertus et des plaisirs vrais que vous rassemblez dans votre maison. Peut-être, divine Sara, vous ferez-vous connaître davantage : vous me direz peut-être ce que le père de Philips avait tant d'envie de me dire. J'ai vu par l'attendrissement de ce bon vieillard et par les marques de respect qu'il voulait vous donner, que plus instruit de ce que vous êtes et des circonstances qui vous ont conduite dans cette métairie, je n'aurai que de nouvelles raisons de vous estimer.

– Je le crois, dit Sara. La manière dont vous jugez de nous et de notre genre de vie me fait penser que vous êtes au-dessus de bien des préjugés et que vous méritez ma confiance. »

Je la remerciai si vivement qu'elle en fut un peu embarrassée. Elle se tourna vers son mari et lui dit :

---

1. ***Faneurs*** : paysans qui font les foins.
2. ***Le noviciat*** : l'apprentissage.

« Mon cher ami, je vais parler à monsieur de la passion que nous avons l'un pour l'autre. »

Son mari l'embrassa tendrement, et nous quitta pour suivre les faneurs : il pria Sara de me retenir jusqu'à son retour et parut s'en séparer avec regret, quoiqu'il ne la quittât que pour quelques moments. Sara me dit qu'elle allait donner ses soins à ses enfants et à son ménage ; elle me pria de l'attendre dans le jardin. Je l'y attendis longtemps. Elle vint enfin, s'assit avec moi sur le banc de gazon, et commença ainsi son histoire.

« Je suis née dans la partie la plus méridionale[1] de l'Angleterre, d'une maison fort riche et plus illustre[2] encore par ses services et par ses titres. Je vous tairai le lieu de ma naissance et le nom de ma famille : on me croit morte, et je veux que mon existence soit ignorée, cela est nécessaire pour qu'elle soit toujours heureuse. J'avais six ans lorsque je perdis ma mère. Mon père, qui aimait avec passion la philosophie et les lettres, et qui m'idolâtrait[3], ne voulut point se remarier et prit soin lui-même de mon éducation. Il me trouvait de la sagacité et l'amour de l'étude ; il voulut me faire part de ses connaissances et parut content de mes progrès. Mon père, un des hommes les plus éclairés de son siècle, l'était autant peut-être que les philosophes qui ont eu le plus de réputation. C'est ainsi du moins que j'en ai jugé, lorsque j'ai comparé les instructions qu'il me donnait avec celles que j'ai puisées dans les livres. Il avait au souverain degré[4] le courage d'esprit, et

1. ***Méridionale*** : située au sud.
2. ***Illustre*** : célèbre en raison de ses grandes qualités.
3. ***Idolâtrait*** : adorait.
4. ***Au souverain degré*** : au plus haut degré, plus que tout.

n'a jamais été effrayé des conséquences d'un système qu'il avait adopté ou d'un parti qu'il avait pris. Je tiens de lui ce caractère ; et les leçons qu'il m'a données ne l'ont point affaibli. Mon père était sensible aux beautés de l'art et à celles de la nature. Il avait l'imagination vive et l'âme noble et tendre ; la philosophie trop sèche, celle qui dégrade l'homme ou qui le glace, ne pouvait être la sienne : il lui en fallait une plus favorable à l'enthousiasme qu'il sentait pour la vertu et aux plaisirs de l'imagination. Je n'avais pas dix-huit ans et mon père trouvait que j'ajoutais des idées à celles qu'il m'avait données. Je partageais aussi son goût pour les lettres. Il s'amusait de ma conversation, je faisais son bonheur ; il ne pensait point à me marier, et contente de mon état, je ne pensais pas à en changer. »

Pendant que Sara me parlait ainsi, j'étais fort ému, je croyais la reconnaître. Il me restait cependant encore quelque incertitude, et j'attendais avec impatience qu'elle la dissipât.

« Nous passions, continua Sara, une très petite partie des hivers à Londres. Nous venions d'y arriver lorsqu'un jeune Écossais se présenta pour servir chez mon père. Il était de la figure la plus agréable, et il avait dans la physionomie un caractère de sensibilité et d'honnêteté dont il était difficile de n'être pas touché.

« Les paysans sont, comme vous savez, plus instruits en Écosse qu'ils ne le sont dans le reste de l'Europe, et ce jeune homme était un des mieux élevés de son pays. Il ne se distingua d'abord des autres domestiques que par un extrême attachement à ses devoirs. Nous vîmes bientôt qu'il se faisait aimer de tous ses compagnons et qu'il leur inspirait son zèle[1] pour nous. Mon père se trouvait mieux servi, et ses gens[2] paraissaient plus gais et plus heureux.

« L'Écossais avait toujours quelque livre à la main, dans les moments de liberté que lui laissaient ses devoirs. Mon père s'aperçut que ce jeune homme avait beaucoup d'esprit : il voulut l'instruire. Mylord Dorset, disait-il, a tiré Prior[3] d'un cabaret[4] pour en faire un des meilleurs poètes de l'Angleterre ; je ferai peut-être de ce domestique un citoyen éclairé qui fera l'honneur de sa patrie. Nous partîmes pour la campagne où le jeune homme nous suivit. Mon père avait de fréquentes conversations avec lui. Dans une de ces conversations il apprit que le désir de soulager la vieillesse de ses parents, par les petites sommes qu'il pouvait prendre sur ses gages[5], avait déterminé l'Écossais à servir. Ce sentiment si vertueux toucha mon père au point qu'il ne m'en parla qu'en répandant des larmes. Il voulut sur-le-champ lui donner une somme considérable que le jeune homme devait envoyer à sa famille. Mais combien mon père ne fut-il pas étonné lorsque son laquais refusa le présent qu'on lui voulait faire !

“Monsieur, lui dit ce jeune homme, je dois mon travail à mes parents, et le prix que j'en reçois nous suffit à tous. S'ils étaient dans la misère, j'accepterais vos bienfaits, mais il ne leur faut qu'un peu plus d'aisance, c'est à moi à la leur donner. Le salaire de mes peines est à eux comme à

---

1. ***Zèle*** : ardeur à servir.
2. ***Ses gens*** : ses domestiques.
3. ***Matthew Prior*** (1664-1721) : poète et diplomate anglais d'origine modeste, protégé par le puissant comte Dorset.
4. ***D'un cabaret*** : d'une taverne.
5. ***Ses gages*** : son salaire.

moi ; qu'ils en jouissent. Mais ni eux ni moi nous ne nous avilirons[1] en nous nourrissant du pain de l'aumône[2]."

« Mon père ne tenta point de changer la manière de penser de ce jeune homme, mais il le tira de la livrée[3] pour lui donner le soin de sa bibliothèque. Il lui donna aussi une sorte d'inspection sur ses fermiers. Dans ces deux emplois, Philips put recevoir, sans en être humilié, le bien que mon père avait envie de lui faire.

« La bibliothèque était le lieu de la maison où j'allais le plus, et j'y trouvais souvent Philips. Je ne tardai pas à me plaindre lorsque je ne l'y trouvais pas toujours. Il ne m'y voyait jamais entrer sans une émotion dont je m'aperçus et qui porta dans mon cœur ces sentiments qui me sont aujourd'hui si chers et auxquels je dois le bonheur de ma vie. J'étais trop éclairée pour ne pas sentir les conséquences de ma passion. Mais bientôt je ne fis usage de mes lumières que pour la servir et non pour la combattre. Je craignais et respectais l'opinion des hommes ; mais, disais-je, ils n'ont pas attaché la honte aux sentiments : je me permis les miens. Mon père devait être plus sévère, mais il devait tout ignorer. Je me cachai même à l'objet de ma passion qui ne me découvrit pas la sienne, et qui me la laissa deviner[4]. J'avais l'âme fière, élevée et sensible : ces caractères-là ne savent point combattre l'amour, mais ils résistent à ses faiblesses. Philips d'ailleurs ne savait qu'aimer, et l'excès de

---

1. ***Avilirons*** : voir note 1, p. 70.

2. ***Mais ni eux [...] aumône*** : Philips trouve qu'il est humiliant de mendier. Ce détail révèle sa fierté.

3. ***Il le tira de la livrée*** : il lui permit d'échapper à sa condition de domestique (pour lui confier la charge plus noble de bibliothécaire).

4. ***Je ne me cachai [...] sienne*** : je ne révélai pas mon amour à celui que j'aimais, et il n'en fit rien non plus.

l'amour impose autant de respect que l'inégalité des rangs [1].

« Je passai deux ans heureuse par le plaisir d'aimer et par celui d'être aimée, et moins humiliée de mon amour que fière de ne m'y livrer qu'avec modération. J'étais heureuse. Mais je perdis mon père, et je ne sais si je lui aurais survécu sans ce sentiment qui console de tout et dont j'étais remplie. »

Sara dans cet endroit fondit en larmes et resta quelque temps sans parler.

C'est elle-même, me disais-je alors, c'est elle, je n'en puis plus douter. J'étais pénétré d'attendrissement ; j'étais prêt à me découvrir [2] à Sara, mais je fus arrêté par la crainte de lui ôter de la confiance et de perdre une partie de son histoire. Elle la reprit ainsi, lorsque ses larmes eurent cessé de couler.

« Je vis les regrets de Philips égaler les miens et de plus il sentait ma douleur. Ses yeux se mouillaient dès que je versais des larmes ; je voyais dans ses moindres actions l'intérêt le plus tendre. Dans les services qu'il me rendait, dans ses discours, dans toutes ses démarches et jusque dans son air, dans le son de sa voix, je découvrais toute la passion que lui demandait mon cœur, et rien qui pût alarmer ma vertu et blesser le respect qu'il devait à mon rang. Vous jugez bien que je faisais beaucoup de réflexions sur les bienséances [3] attachées à ce rang, sur ses devoirs réels

1. ***L'inégalité des rangs*** : Sara rappelle la différence sociale qui la sépare de son serviteur et amant, mais c'est pour mieux souligner leur respect mutuel et la distance qu'ils observent malgré la force de leurs sentiments.
2. ***J'étais prêt à me découvrir*** : j'étais sur le point de révéler mon identité.
3. ***Bienséances*** : voir note 2, p. 51.

et sur la soumission qu'on doit aux mœurs, aux lois et aux usages de son pays.

«La philosophie de mon père m'avait éclairée sur les préjugés; mais sa philosophie, sublime comme son cœur, ne m'avait point appris à les mépriser[1]. Mes conversations avec Philips roulaient sur ces sujets importants par eux-mêmes, et que notre situation rendait si intéressants pour nous. Quelquefois il m'échappait de douter de la justice des conventions humaines, et par conséquent du pouvoir qu'elles devaient avoir sur des âmes éclairées. Philips alors me combattait avec force et il trouvait une foule de raisons auxquelles j'avais peine à répondre. Je crus remarquer que, lorsqu'il avait eu l'avantage dans ces disputes, il était plus triste qu'à l'ordinaire; je devinai aussi le motif qui lui faisait embrasser une opinion qui ne lui était pas favorable. Je vis que mon cher Philips, tout entier à moi, s'oubliant lui-même, me faisait sans peine les sacrifices qui devaient le plus lui coûter et qu'il ne voyait que mes propres avantages, mon bonheur et ma gloire.

«J'aimais à parler à Philips de son père, de ses vertus et de la sorte de bonheur dont il jouissait dans sa pauvreté. Je lui faisais des questions sur le lieu de sa demeure, sur son voisinage, sur ses travaux. Philips me paraissait pénétré de respect pour la vie des laboureurs et pour les soins de l'agriculture. Il me parlait toujours de ma famille, et il me répétait combien cette famille, qui m'aimait et qui est si illustre en Angleterre, méritait de moi d'égards et d'attachement. Il est vrai que j'éprouvais de la part de mes

---

1. ***Mais sa philosophie [...] les mépriser*** : si Sara, grâce à son éducation, s'est libérée des conventions et des opinions préconçues, elle a assez de bienveillance pour les respecter chez les autres.

parents les procédés les plus honnêtes et des preuves de l'estime qu'ils avaient pour ma raison. Ils avaient fait avancer pour moi le temps où nos lois donnent aux filles le droit de disposer d'elles et de leur fortune. Je me trouvais maîtresse de mes biens et de moi-même, mes parents n'étaient point inquiets de me laisser libre et seule. Mon penchant pour la philosophie et les lettres était connu ; on m'avait trouvé de l'intelligence dans les affaires, et on ne me croyait occupée à la campagne que du soin de mes biens et de l'étude.

« Il y avait près d'un an que mon père était mort, et je n'avais pas quitté encore la terre où je l'avais vu mourir. J'ai un oncle, homme de mérite et distingué dans la Chambre des communes [1] par son désintéressement et par son éloquence : il venait me voir quelquefois. Un jour, après avoir dîné chez moi, il me proposa de me promener avec lui dans le parc, et là il me rappela le souvenir de l'amitié [2] qui avait toujours régné entre lui et mon père, et celle que l'un et l'autre avaient eue pour moi.

“Vous connaissez mon fils, me dit-il, il s'est distingué dans ses études, et depuis quelques années qu'il est hors de l'Angleterre, toutes les lettres que je reçois des pays où il a voyagé, me confirment dans la bonne opinion que j'avais de lui. Il est de votre âge et prêt à revenir ; je veux le marier : s'il peut vous convenir, j'aurai le plaisir de voir vos biens ne point sortir de notre famille et de vous aimer comme ma fille, après vous avoir aimée depuis longtemps comme celle de mon frère.”

---

1. ***Chambre des communes*** : équivalent au Royaume-Uni de la Chambre des députés en France.
2. ***Amitié*** : ici, amour, affection.

« Cette proposition répandit le chagrin le plus amer dans mon cœur : je rougis, je pâlis, et je répondis à mon oncle avec une froideur qui dut l'offenser. Je lui dis que je n'avais aucune envie de me marier, que jusqu'à présent mes occupations et mes goûts avaient suffi à mon bonheur ; que si je prenais jamais un mari, je voudrais le connaître beaucoup, et que je me déterminerais par les convenances personnelles plus que par toutes les autres, mais que dans aucun temps de ma vie je n'oublierais ce que je devais à ma famille.

« Mon oncle me demanda la permission de m'amener son fils que je n'avais vu qu'au sortir de son enfance, qui alors était d'une figure agréable et, à ce qu'on disait, plein de goût pour moi. Je répondis à cette nouvelle proposition avec une froideur que je me reprochai ; une foule d'idées se présentèrent à mon esprit et s'y succédèrent avec rapidité.

« Lorsque mon oncle fut parti, je m'enfonçai dans un bois obscur où je me promenai longtemps fort agitée, marchant à grands pas, m'arrêtant de temps en temps et aux moments où j'avais peine à trouver les moyens de lever certains obstacles, ou de répondre à de certaines objections. Je tombai enfin, plutôt que je ne m'assis, sur un gazon où je restai plongée dans la plus profonde rêverie. Je vis arriver Philips qui me cherchait depuis longtemps. Je n'avais jamais senti si vivement le plaisir de le voir et la nécessité absolue de ne m'en séparer jamais. Je lui fis part des desseins[1] de mon oncle et des regrets sincères que j'avais de déplaire à ma famille en refusant d'accepter des propositions raisonnables. Sans doute, j'appuyai trop sur

1. ***Desseins*** : voir note 1, p. 77.

mes regrets ; je me reprocherai toute ma vie la peine cruelle que je portai dans le cœur de Philips : je le vis pâlir ; un tremblement s'empara de tout son corps. Ses yeux avaient un mouvement extraordinaire et de l'égarement. Il n'articulait que quelques mots. Chaque syllabe lui coûtait à prononcer.

"Il faut, disait-il… oui, il le faut… c'est un jeune homme vertueux… vos parents… votre rang… il faut… il le faut."

Je vis ses yeux s'éteindre en me regardant : il tomba sur ses genoux en s'appuyant sur une main. Je ne me possédai plus : je m'élançai pour soutenir mon cher Philips ; je le pressai dans mes bras en m'écriant :

"Mon cher époux !"

À ce cri si tendre, à ce mot si énergique, Philips ne me répondit rien : il se relevait peu à peu en me regardant fixement. Ses yeux se baignaient de larmes, je l'arrosais des miennes en répétant continuellement, mon cher époux, mon cher époux ! Dès que Philips eut la force de parler, il voulut combattre ma résolution. Je l'arrêtai, je le conjurai, au nom de tout mon amour, de vouloir bien m'entendre : il s'assit auprès de moi en couvrant une de mes mains de ses baisers. Ce moment, qui a décidé du bonheur de ma vie, est encore si présent à ma pensée que je n'en ai pas oublié la plus légère circonstance. Voici ce que je dis à Philips.

"Je sais tout ce que vous pouvez me dire ; je le préviens et j'y réponds. Ma passion pour vous n'est pas aveugle ; je vous connais bien, et vous êtes l'homme que me destinait la nature. C'est sur la convenance des personnes qu'elle a fondé le bonheur des mariages ; les conventions humaines y ont substitué celle des rangs. Nous savons, vous et moi, combien les véritables sages ont de respect pour les conventions humaines ; elles maintiennent l'ordre dans les sociétés. Il ne faut pas avilir le rang dans lequel on est né par des alliances que l'opinion condamne ; c'est un crime que punit le mépris des hommes, et je ne saurais point soutenir ce mépris, même injuste[1].

"Faut-il donc faire céder la loi de la nature à des convenances de la société ? Cela peut être, mais nous ne sommes point dans ce cas ; cédons à nos cœurs en respectant les préjugés. Mes parents m'ont laissé deux mille guinées[2] de rente, et trois mille guinées d'argent comptant. C'est cette somme que je veux conserver de toute ma fortune, pour vivre avec vous et vos parents."

« Ici Philips voulut m'interrompre : il me proposa de ne point nous marier. Je l'arrêtai et lui dis :

"Nous manquerions à la loi de la nature et à celle des hommes qui nous demandent une postérité[3]. Et pourquoi ne point nous marier ? Pour conserver mes biens ? Ils ne me rendent point riche dans l'état[4] où je suis ; je le serai dans le vôtre avec la somme que je vais vous porter. Si j'épousais mon cousin, nous serions des gentilshommes médiocrement aisés, et nous serons des fermiers opulents[5]. Je vais faire mon testament, et je donnerai toute ma fortune

---

1. ***Injuste*** : une nouvelle fois, Sara rappelle l'arbitraire des normes et conventions sociales, mais aussi le danger qui menace les esprits éclairés qui ne s'y plieraient pas.

2. ***Guinée*** : monnaie britannique frappée en or, valant une livre et un shilling (soit 21 shillings).

3. ***Qui nous demandent une postérité*** : qui nous demandent d'avoir des enfants.

4. ***L'état*** : ici, la condition sociale.

5. ***Opulents*** : voir note 1, p. 49.

à mon cousin. Ensuite je partirai pour Londres, je ferai répandre le bruit de ma mort, et nous nous rendrons en Écosse où il est vraisemblable que votre père vous permettra de m'épouser."

« Philips se jeta à mes pieds, me conjura de différer, d'examiner, de craindre les regrets.

"Non, lui répondis-je, tout est examiné. Eh ! Que pourrai-je regretter ? Quels plaisirs me donnent mes richesses, que ne puisse remplacer la nature dans l'aisance de votre état ? Le spectacle d'un coteau riant et fertile réjouit plus la vue qu'un mur chargé de tableaux ; les diamants dans ma tête me pareront moins que les fleurs ; la toile de l'Inde m'habillera aussi bien que le pékin[1]. Je perdrai mon carrosse, mais j'exercerai mes jambes. Philips, nous aurons les commodités que demande la nature, et rien du superflu qui ne peut amuser que l'oisiveté[2]. Quant à mes liaisons et à mes connaissances, pourrai-je les regretter lorsque je serai la fille de votre père et la mère de vos enfants ?"

« Philips m'aimait trop, m'estimait trop, il se rendait trop de justice à lui-même pour douter plus longtemps que je ne fusse heureuse dans le nouvel état que je voulais embrasser. Je ne vous peindrai point sa joie, sa reconnaissance et mon bonheur, lorsque je l'eus déterminé à m'épouser. Jamais on n'a rien écrit avec plus de joie que j'en eus à écrire mon testament ; jamais on n'acquit tout à coup une grande fortune avec autant de plaisir que j'en eus à me dépouiller de la mienne.

« Après avoir fini mes affaires, nous partîmes pour Londres. J'y fis répandre le bruit de ma mort et je le rendis

1. ***Pékin*** : étoffe de soie peinte et très précieuse, autrefois fabriquée en Chine.
2. ***Oisiveté*** : la paresse, état d'une personne qui n'a pas d'occupation.

vraisemblable par une adresse et des moyens qu'il est inutile de vous dire. Nous arrivâmes enfin en Écosse. Il y a sept ans que j'entrai, pour la première fois, dans cette chère métairie, et que, pour la première fois, j'embrassai les genoux de cet excellent vieillard que vous voyez sur cette pierre se pénétrant des premiers rayons du soleil, et cherchant à se ranimer par les douces influences de l'aurore et du printemps.

"Vous voyez votre fille, lui dis-je, elle vient dans votre maison pour y rendre votre vieillesse heureuse et pour faire, toute sa vie, le bonheur de votre fils : mon cœur m'inspirera tout ce qu'il faut pour vous plaire à tous deux. Vous, mon mari, vous m'instruirez des détails du ménage. Je me flatte que je serai une ménagère vigilante, et que ceux qui dépendront de moi, et ceux de qui j'ai tant de plaisir à dépendre, seront également contents."

« Le vieillard était transporté de joie ; ce bonheur sans doute a prolongé sa vie. Il acquit en propre la métairie dont il n'était que le fermier[1]. Notre mariage fut conclu, et depuis ce moment où j'ai pris le nom et l'état de l'homme que j'aime, il ne s'est pas écoulé une heure sans que je m'applaudisse de ma destinée. Nous sommes heureux, et nous pouvons nous flatter que nous le serons toujours autant que peut le permettre la nature.

« Philips et moi nous ne faisons usage de nos connaissances, de la philosophie de mon père et de notre amour pour les lettres que pour assurer notre bonheur. Nous sommes attentifs à chercher tous les plaisirs que nous

1. ***Il acquit [...] fermier*** : l'argent de Sara lui permit de devenir propriétaire de la ferme dont il n'était jusqu'ici que l'exploitant.

permet notre situation, et nous nous apprenons à les goûter. Une source la plus extraordinaire des chagrins des hommes, c'est qu'ils courent après des plaisirs qui ne sont pas faits pour eux, et qu'ils ne savent point accorder leurs principes, leurs goûts, leurs occupations avec leur état et leur caractère. C'est une erreur dans laquelle nous ne sommes pas tombés. Nous ne perdrons pas notre temps en recherches vaines, en désirs inutiles, et nous n'oublierons pas de jouir. Qu'est-ce qui nous rend heureux, Philips et moi ? Le témoignage de notre conscience, notre amour et les bienfaits de la nature. Nous avons des principes au-delà desquels nous ne pouvons point être entraînés par les circonstances, et que nous fortifions encore par la philosophie. Nous n'admettons que celle des philosophes qui croient à la vertu et qui nous la font aimer ; et quand même ils se seraient trompés, nous leur rendrions grâce d'entretenir en nous des illusions[1] qui élèvent notre âme et qui l'épurent. Nous voulons penser bien des hommes, afin de les aimer : nous voulons estimer les hommes pour nous donner un motif de plus de nous rendre estimables. Nous ne voulons point d'une philosophie qui nous dégrade et qui éteint dans le cœur l'enthousiasme de l'humanité et de la vertu ; nous voulons aussi conserver dans toute leur force et tous leurs charmes les sentiments de l'amour et de l'amitié.

« Il entre sans doute toujours un peu d'illusion dans ces sentiments portés à l'excès. Il est des illusions qui se dissipent enfin, et ce ne sont point celles-là que nous voulons conserver ; nous savons leur en substituer d'autres. Philips

1. ***Illusions*** : voir note 6, p. 46.

et moi, nous ne nous croyons point parfaits, mais nous tendons à le devenir. Nous sommes bons et nous espérons nous rendre meilleurs. Nous jouissons de l'espérance du mieux dans la jouissance du bien. Le présent nous contente et l'avenir nous transporte. Ce dessein de se perfectionner l'un par l'autre, nous rend plus chers et plus nécessaires l'un à l'autre : il nous rend nos sentiments plus précieux en nous les rendant plus respectables, il ajoute au respect de nous-mêmes, il conserve toute l'activité de nos cœurs et le délicieux enthousiasme de l'amour. C'est aussi pour entretenir en nous la passion de la vertu et pour en trouver sûrement la route que nous lisons beaucoup les romans de Richardson[1] : combien de fois avons-nous fait le bien dont il nous a donné l'idée, et que peut-être nous n'aurions pas fait sans lui ! Nous lisons aussi beaucoup les poètes ; mais nous avons choisi de préférence ceux qui nous parlent des champs où nous vivons, et de cette nature que nous aimons.

« La lecture des poésies champêtres est délicieuse pour ceux qui en ont les objets sous les yeux. La poésie anime ce qu'elle sait peindre : l'enthousiasme du poète ajoute toujours quelque chose à l'enthousiasme du spectateur. Il l'empêche même de s'éteindre par l'habitude. La poésie nous inspire le respect et l'amour pour l'antique et vénérable agriculture, pour nos occupations, pour les lieux que nous habitons. Nous nous disons quelquefois : Homère et Virgile[2] auraient été heureux ici ; Tibulle[3] y aimerait

1. ***Richardson*** : voir note 2, p. 91. Après avoir tenu un discours philosophique nourri par ses lectures, Sara Th… poursuit en citant les romanciers et poètes qu'a découverts le narrateur dans sa bibliothèque.
2. ***Virgile*** : voir note 4, p. 91.
3. ***Tibulle*** : voir note 5, p. 91.

Délie[1] ; il la chanterait et il chanterait aussi notre petit bois de hêtres et notre joli vallon. C'est aux champs que Haller et Gesner[2] ont composé leurs poésies aimables. Et quel état de la vie ces grands hommes ont-ils préféré au nôtre ? Quelles mœurs ont-ils comparées aux mœurs champêtres ? Les poètes nous arrêtent sur les sensations délicieuses que nous recevons de la nature : ils nous apprennent même à jouir d'un grand nombre de ces sensations qui auraient à peine affecté nos organes et qui auraient échappé à la pensée. Tous ces hommes, qui ont parlé avec chaleur et dans lesquels abondent le sentiment et les images, entretiennent dans l'âme le charme de la sensibilité et la vie. Enfin, nous avons raisonné et simplifié le bonheur : nous avons mis toute notre étude à conserver en nous les sentiments tendres et honnêtes, et à en jouir, ainsi que des sensations agréables.

« Il me semble que c'est là faire un bon usage de la philosophie : elle a dégénéré de nos jours en fausse subtilité, elle a trop souvent fait la satire de l'homme qu'il fallait consoler. Elle s'est plus appliquée à le dégrader qu'à le conduire ; elle aurait dû nous montrer les biens qui sont à la portée des différents états de la vie et les devoirs de ces différents états. C'était là le projet de mon père, et il l'eût exécuté s'il eût vécu. Il trouvait aussi qu'on avait trop appris à l'homme à oublier ses sens et à négliger les plaisirs simples et faciles qu'ils peuvent donner à tous les moments et à tous les âges de la vie. Nous nous conduisons d'après les leçons de mon père, et nous élevons nos enfants dans

1. ***Délie*** : première femme aimée par le poète romain élégiaque Tibulle (50-19 av. J.-C.), qui chante leur amour et l'idéal d'une vie simple, à la campagne.
2. ***Haller et Gesner*** : voir notes 6 et 7, p. 91.

ces principes : en attendant ils jouissent de leur enfance, et nous de leurs plaisirs. »

J'avais voulu plusieurs fois interrompre Sara pour me faire connaître, mais elle avait parlé avec tant de rapidité qu'il ne m'avait pas été possible de lui adresser la parole. Dès qu'elle eut fini son discours, je me jetai à ses pieds :

« Ô Sara Th... ! »

Dès que j'eus prononcé son nom, elle se leva avec précipitation, elle s'écria :

« Je suis perdue.

– Non, vous ne l'êtes point, lui dis-je : vous voyez devant vous ce parent qui vous a aimée dès son enfance et qui vous a pleurée amèrement : ne rougissez plus d'avouer votre passion pour un mari vertueux. Vous m'avez laissé votre fortune ; je suis prêt à vous la rendre. Acceptez-la, je vous en conjure. Mais quelque parti que vous preniez, soyez sûre d'un secret inviolable. »

J'eus beaucoup de peine à calmer Sara ; elle ne se consolait pas d'avoir mis dans sa confidence un homme qui n'y était pas nécessaire[1]. Quant à ses biens, elle fut inébranlable. Et Philips, qui rentra un petit moment après que je me fus fait connaître, pensa comme elle.

« Voyez, me disait-il, notre métairie, faites-en la visite, et vous la trouverez remplie de tous les biens nécessaires. Voyez nos jardins, nos champs, nos prés, nos troupeaux, et dites s'il peut nous manquer quelque chose. Voyez nos meubles, ne sont-ils pas commodes ? Notre table n'est-elle pas saine et abondante ? Si nous avions plus de richesses,

---

1. ***Un homme qui n'y était pas nécessaire*** : il s'agit d'un euphémisme. Sara pense avoir confié son secret à la mauvaise personne, puisque le narrateur est son cousin et prétendant.

nous ne ferions plus, avec le même intérêt, ce que nous faisons aujourd'hui. Le goût du travail[1] serait moins vif en nous. L'ennui prendrait la place de nos occupations champêtres ; sans fatigue, sans devoirs, sans fonctions, toujours amusés, nous serions bientôt dégoûtés de ce qui nous amuse. Si nous pouvions nous passer de nos moissons et de nos troupeaux, nous serions moins touchés de l'espérance d'avoir de bonnes moissons et de belles laines ; nous ne saurions plus jouir de cette espérance. Nos champs, presque inutiles, ou seulement utiles à notre superflu, seraient moins précieux pour nous. Nous verrions la campagne avec indifférence, et que sait-on si les autres enthousiasmes, qui font les délices de nos cœurs, ne s'éteindraient pas avec celui que nous inspire la nature ! Si notre âme perdait de son activité (et la vie oisive lui en ôte toujours), notre amour s'affaiblirait peut-être. Tous nos sentiments nous rendent heureux ; ils sont assortis à notre état, ils tiennent les uns aux autres. Notre bonheur tient à un système bien combiné et auquel il ne faut rien changer. »

Je fis de nouveaux efforts, et je ne pus obtenir de mes vertueux parents qu'ils rentrassent dans les biens qu'ils m'avaient cédés. Mais j'obtins d'eux qu'ils m'aimeraient, qu'ils me donneraient de leurs nouvelles, et qu'ils me permettraient de passer tous les ans quelques jours dans leur métairie. Je me séparai, non sans répandre des larmes, de ce couple si aimable et si éclairé. Je fus convaincu qu'il y a du bonheur et de la raison sur la Terre[2]. Puisse cette

---

1. ***Le goût du travail*** : Saint-Lambert développe un argumentaire déjà présent à la fin de *Candide*. « Le travail éloigne de nous trois grands maux : l'ennui, le vice et le besoin », écrit en effet Voltaire au dernier chapitre.

2. ***Il y a du bonheur et de la raison sur la Terre*** : l'épilogue inverse l'affirmation initiale du conte (voir p. 87).

réflexion me conduire à être heureux et raisonnable ! Quoi qu'il en soit, l'habitation que j'ai dans le voisinage de mes parents m'est devenue chère. Je me flatte bien d'y aller souvent, et je m'y fixerai peut-être ; je la fais rebâtir. Quant aux biens que Sara m'a donnés, je n'en ferai aucun usage pour moi. J'en répandrai les revenus sur nos parents les plus pauvres, et les fonds retourneront un jour aux enfants de Philips et de Sara.

DOSSIER

Avez-vous bien lu?

Les œuvres

1. Quelles sont les passions[1] évoquées par Mme du Châtelet dans son *Discours sur le bonheur*?

2. Qu'arrive-t-il à Memnon à la fin du conte?

3. Qui est Sara Th... pour le narrateur?

Le contexte historique et littéraire

Relisez la présentation (p. 7-30), puis répondez aux questions suivantes.

1. Quels éléments biographiques relient les trois auteurs de ce recueil?

2. Quels sont les principales idées et les grands combats des Lumières?

3. Comment les philosophies de l'Antiquité proposent-elles d'atteindre le bonheur?

4. Qu'est-ce qu'un essai? Quelles autres formes littéraires les auteurs ont-ils à leur disposition pour argumenter?

5. Pourquoi les contes sont-ils souvent situés dans une contrée lointaine?

6. En quoi les récits de *Memnon* et *Sara Th...* répondent-ils aux critères du conte?

---

1. ***Passions*** : voir note 1, p. 7.

Microlectures

MICROLECTURE N° 1 : l'*incipit* (*Discours sur le bonheur*)

Relisez l'*incipit*, de « On croit communément » à « au lieu d'indulgences » (p. 45-47), puis répondez aux questions suivantes.

Problématique : comment atteindre le bonheur ?

A. Un état difficile à atteindre

1. Dans les deux premiers paragraphes, repérez le champ lexical du temps et la métaphore de la navigation : quels sont les obstacles au bonheur ?

2. Quelles objections prouvent que le bonheur reste néanmoins accessible ?

3. Étudiez la construction des trois premiers paragraphes et la situation d'énonciation (pronoms personnels employés et usage des temps) : en quoi l'auteur se présente-t-elle comme un guide bienveillant, au service du lecteur ?

B. Les conditions du bonheur

1. Étudiez la rhétorique du discours : quelles tournures impersonnelles permettent à l'essayiste de présenter ses idées comme les principes essentiels du bonheur ?

2. De quoi Émilie du Châtelet fait-elle dépendre le bonheur ? Dans quelle mesure ses propos relèvent-ils de l'épicurisme[1] ?

3. Comment les passions sont-elles valorisées ?

C. Un propos audacieux

1. En quoi les conseils et les propos de Mme du Châtelet offensent-ils la morale chrétienne ?

---

1. ***Épicurisme*** : voir note 4, p. 24.

2. « Il faudrait demander à Dieu, si on osait lui demander quelque chose... » (l. 36-37) : pourquoi cette phrase est-elle ironique ? Quel est le sous-entendu ?

3. Dans quelle mesure la marquise critique-t-elle les stoïciens ? Quels sont les procédés employés ?

4. Comment invite-t-elle le lecteur à prendre en main son propre destin et à penser par lui-même, loin de tout préjugé ?

MICROLECTURE N° 2 : des passions enviables (*Discours sur le bonheur*)

Relisez le développement sur l'amour de l'étude et de la gloire, de « Par cette raison d'indépendance, l'amour de l'étude » à « sans lequel le vaisseau n'irait point » (p. 58-60), puis répondez aux questions suivantes.

Problématique : comment les deux passions de l'étude et de la gloire peuvent-elles rendre heureux ? Et comment, à travers son raisonnement, Mme du Châtelet peint-elle son siècle ?

A. Une dénonciation de l'inégalité des sexes

1. De quels privilèges les hommes jouissent-ils par rapport aux femmes ? Observez dans le deuxième paragraphe les sujets des phrases et leur rythme : par quels procédés Mme du Châtelet oppose-t-elle les hommes aux femmes ?

2. Comment la condition féminine est-elle dénoncée ? Étudiez le ton employé par l'auteur ainsi que les tournures restrictives (« ne... que ») et négatives (« ne... pas »).

3. Pourquoi les femmes devraient-elles privilégier l'étude ?

B. Le bonheur vaniteux de la gloire

1. Selon l'auteur, en quoi la gloire est-elle utile à la société ?

2. Pourquoi la gloire est-elle vaine ? Quelle image et quels arguments la marquise utilise-t-elle pour le montrer ?

3. Pourquoi est-elle néanmoins désirable ? Comment, en encourageant l'illusion[1], la marquise prend-elle le contre-pied des philosophes, qu'ils soient chrétiens, moralistes ou matérialistes[2] ?

C. Une approche sensualiste[3] du monde

1. À quoi voit-on que passions et bonheur sont associés ?

2. Quel est le moteur secret de nos actions ? Par quelles images et par quels procédés rhétoriques le plaisir de l'amour-propre est-il souligné ?

3. Quelles sont les marques de subjectivité ? À quoi voit-on que Mme du Châtelet fait dépendre le bonheur du plaisir des sens et des sentiments ?

MICROLECTURE N° 3 : le bonheur amoureux (*Discours sur le bonheur*)

Relisez l'extrait sur l'amour, de « Pourquoi s'interdire l'espérance d'être heureux » à « si elle le mettait entièrement dans celle d'un autre » (p. 68-69), puis répondez aux questions suivantes.

Problématique : comment la passion amoureuse peut-elle nous rendre heureux ?

A. Un raisonnement maîtrisé

1. Relevez le champ lexical du bonheur. Quel effet les trois interrogations directes produisent-elles ? Quelle est la thèse de cet extrait ?

2. Étudiez la situation d'énonciation : quels sont les effets respectifs des différents pronoms personnels utilisés ? Quels autres indices indiquent une forte implication du locuteur ?

---

1. ***Illusion*** : voir note 6, p. 46.
2. ***Matérialistes*** : voir présentation, p. 25.
3. ***Sensualiste*** : voir note 1, p. 30.

3. En vous appuyant sur les connecteurs logiques[1] et la ponctuation, reconstituez l'architecture de l'extrait. À quoi voit-on que l'auteur explore toutes les issues possibles d'une relation amoureuse ?

4. Quels indices (modes et temps choisis, tournures, noms, articles) donnent au discours une dimension universelle ? En quoi peut-on affirmer qu'il s'agit d'une démonstration rigoureuse ?

B. Les obstacles au bonheur

1. À quoi voit-on, au début et à la fin du texte, que la peur et la morale sont susceptibles de nous priver du bonheur ?

2. Quelles erreurs commet-on dans « notre première jeunesse » (l. 614-615) ? Commentez l'emploi des négations.

3. Pouvez-vous repérer dans le texte le vocabulaire de la course et de l'erreur ? Quels sens donner à cette métaphore ?

C. Une leçon de lucidité : la souveraineté du sujet éclairé

1. Que nous enseigne l'expérience ? Comment, avec l'appui de la raison, peut-elle nous guider sur la route du bonheur ?

2. Quelles affirmations et tournures suggèrent l'autonomie de la volonté ? Comment Mme du Châtelet insiste-t-elle sur son pouvoir ?

3. Commentez les images de la citation : « une personne raisonnable aurait à rougir si elle ne tenait pas son bonheur dans sa main, et si elle le mettait entièrement dans celle d'un autre » (l. 630-633).

---

1. Voir le tableau des connecteurs logiques, p. 125.

Tableau des connecteurs logiques

	Connecteurs logiques	Fonction
Addition ou gradation	En outre, par ailleurs	Ajouter un argument ou un nouvel exemple.
Concession	Certes, en dépit de	Reconnaître la validité de faits ou d'arguments de la thèse adverse tout en maintenant sa propre opinion.
Opposition	Néanmoins, toutefois	Opposer deux faits ou deux arguments, souvent pour mettre en valeur l'un d'entre eux.
Cause	Car, étant donné, dans la mesure où	Présenter l'origine, la raison d'un fait.
Conséquence	C'est pourquoi, de sorte que	Formuler l'aboutissement d'un fait ou d'une idée.
Parallèle ou comparaison	De la même manière, ainsi que	Rapprocher deux éléments.

MICROLECTURE N° 4 : l'*incipit* de *Memnon ou la Sagesse humaine*

Relisez l'*incipit*, de « Memnon conçut un jour » à « Memnon mit la tête à la fenêtre » (p. 75-76), puis répondez aux questions suivantes.

Problématique : comment le projet de sagesse de Memnon est-il discrédité dès le début ?

A. L'*incipit* d'un conte philosophique

1. Quels indices montrent qu'il s'agit d'un conte ? Quels éléments l'inscrivent dans un cadre exotique ?

2. En quoi le nom et la présentation elliptique[1] du héros sont-ils typiques du genre du conte ?

3. Quel sujet de réflexion le titre de l'œuvre et le récit introduisent-ils ?

B. Le vœu pieux[2] de Memnon

1. Quel pronom et quel temps dominent son discours ? Pourquoi ? Pouvez-vous distinguer les trois parties de son raisonnement ?

2. Quel effet les antithèses et la ponctuation produisent-elles ? Par quelle stratégie le jeune homme parvient-il à se dégoûter des plaisirs terrestres[3] ?

3. Quelles sont les conditions du bonheur selon Memnon ? En quoi ses principes rappellent-ils ceux des philosophies antiques[4] ?

C. Un projet contestable

1. Comment la naïveté et l'idéalisme du personnage sont-ils suggérés ?

2. Quelles structures grammaticales et quels adverbes sous-entendent que son raisonnement est simpliste ?

3. Par quels moyens le narrateur discrédite-t-il le projet de Memnon au début et à la fin de l'extrait ?

MICROLECTURE N° 5 : le dialogue de Memnon et du génie (*Memnon ou la Sagesse humaine*)

Relisez le dialogue de Memnon et du génie, de « Ma patrie, répondit-il, est à cinq cents millions » à la fin du texte (p. 81-83), puis répondez aux questions suivantes.

---

1. ***Elliptique*** : qui omet des informations ou des détails.
2. ***Vœu pieux*** : vœu irréalisable.
3. ***Plaisirs terrestres*** : voir note 1, p. 27.
4. ***Philosophes antiques*** : voir présentation, p. 24-25.

Problématique : quelle leçon tirer de ce conte philosophique ?

A. La moralité du conte

1. En quoi ce dialogue tient-il du merveilleux ? À quoi voit-on qu'il s'agit du dénouement du conte ?

2. Quels défauts de la cour et des hommes les mésaventures de Memnon et de son frère dénoncent-t-elles ? En quoi peut-on dire que ce passage est une satire de la société ?

3. Comment Voltaire dénonce-t-il la folie des hommes ?

B. La critique des systèmes philosophiques

1. En quoi l'affirmation que « tout est bien » est-elle ironiquement contredite par les événements ?

2. En vous appuyant sur la note 2 p. 83, et en faisant une recherche sur le mathématicien et philosophe Gottfried W. Leibniz, vous expliquerez en quoi Voltaire prend le contre-pied de la théorie de l'optimisme.

3. Dans la mythologie grecque, quel personnage tragique se crève les yeux en découvrant la vérité ? Que peuvent donc signifier l'œil borgne de Memnon et la cécité de son frère ?

C. Une leçon de relativisme [1]

1. Quelle est la place de la Terre à l'échelle de l'univers ? Quels effets la comparaison et les hyperboles produisent-elles ?

2. Quel est l'enseignement délivré par le génie ?

3. Si l'on considère le conte dans son ensemble, à quoi tient donc le bonheur ?

---

1. ***Relativisme*** : doctrine selon laquelle le bien et le mal ainsi que les critères de jugement varient selon les époques et les sociétés.

MICROLECTURE N° 6 : Le souper (*Sara Th...*)

Relisez l'épisode du souper, de « Le souper étant prêt » à « Je me récriai sur l'étonnement que me causaient leurs lumières et surtout celles de Sara » (p. 92-95), puis répondez aux questions suivantes.

Problématique : comment Saint-Lambert fait-il de ce souper une utopie champêtre ?

A. Les plaisirs de la table

1. Qui raconte la scène ? à quels temps ?

2. Quels effets les pronoms personnels utilisés produisent-ils ? Quels sentiments le narrateur éprouve-t-il, selon vous ?

3. Quelles sont les qualités de la nourriture et des boissons servies ? Par quels moyens la narration les met-elle en valeur ?

4. Montrez que l'harmonie règne entre les convives.

B. Une communauté réunie autour d'un même art de vivre

1. Quel rapport unit le mari et sa femme ? Comment les domestiques sont-ils traités ?

2. Quelle est la seule personne à bénéficier d'un traitement particulier ? Pourquoi ?

3. De quoi les convives s'entretiennent-ils ?

C. Le personnage de Sara : une maîtresse de maison éclairée

1. À quoi voit-on que Sara détient l'autorité et qu'elle l'utilise à bon escient ?

2. Par quels procédés le narrateur attire-t-il notre attention sur la fermière ? Étudiez sa façon de s'exprimer : en quoi est-elle « singulière » ?

3. En quoi ses propos sont-ils influencés par le sensualisme[1] ? En quoi est-elle donc le porte-parole de Saint-Lambert ?

---

1. ***Sensualisme*** : voir note 1, p. 30.

Le bonheur à travers les époques

(groupement de textes n° 1)

Plaisir, argent, travail, amour, sagesse : de quoi ou de qui dépend notre bonheur ? Où le trouver ? Si, du philosophe grec Épicure[1] (IVe siècle av. J.-C.) à l'écrivain contemporain Jean Giono (1895-1970), la plupart des auteurs s'accordent à l'associer à la vertu[2] et aux plaisirs simples, Voltaire, dans son poème « Le Mondain », scandalise les Lumières par son éloge de l'abondance et du luxe. La confrontation des extraits suivants avec les trois textes du volume rend compte de la pluralité des conceptions du bonheur, reflétant les sensibilités d'auteurs et d'époques variés.

Épicure, *Lettre à Ménécée* (IVe siècle av. J.-C.)

Dans une lettre devenue célèbre, Épicure explique à son jeune disciple Ménécée les moyens de mener une vie heureuse. On observe une parenté entre cet extrait et le mode de vie préconisé par Mme du Châtelet ainsi que par l'héroïne de Saint-Lambert.

[Tout plaisir est un bien]

Ainsi, tout plaisir, parce qu'il a une nature qui nous est appropriée, est un bien, et pourtant tout plaisir n'est pas à choisir. De même encore, toute souffrance est un mal, mais toute souffrance n'est pas toujours par nature à refuser. C'est toutefois par la mesure comparative et

1. ***Épicure*** : voir note 4 p. 24.
2. ***La vertu*** : voir note 1, p. 25.

l'examen de ce qui est utile et de ce qui est dommageable qu'il convient de discerner tous ces états, car, selon les moments, nous usons du bien comme d'un mal ou, à l'inverse, du mal comme d'un bien.

Par ailleurs, nous considérons l'autosuffisance elle aussi comme un grand bien, non pas dans l'idée de faire avec peu en toutes circonstances, mais afin que, dans le cas où nous n'avons pas beaucoup, nous nous contentions de peu, parce que nous sommes légitimement convaincus que ceux qui ont le moins besoin de l'abondance sont ceux qui en tirent le plus de jouissance, et que tout ce qui est naturel est facile à acquérir, alors qu'il est difficile d'accéder à ce qui est sans fondement. Car les saveurs simples apportent un plaisir égal à un régime d'abondance quand on a supprimé toute la souffrance qui résulte du manque, et du pain et de l'eau procurent le plaisir le plus élevé, lorsqu'on s'en procure alors qu'on en manque. Donc, s'accoutumer aux régimes simples et non abondants assure la plénitude de la santé, rend l'homme actif dans les occupations nécessaires à la conduite de la vie, nous met dans de plus fortes dispositions quand nous allons, par moments, vers l'abondance, et nous prépare à être sans crainte devant les aléas de la fortune. Quand donc nous disons que le plaisir est la fin, nous ne parlons pas des plaisirs des débauchés ni de ceux qui consistent dans les jouissances – comme le croient certains qui, ignorant de quoi nous parlons, sont en désaccord avec nos propos ou les prennent dans un sens qu'ils n'ont pas –, mais du fait, pour le corps, de ne pas souffrir et, pour l'âme, de ne pas être troublée.

Épicure, *Lettre à Ménécée*, trad. Pierre-Marie Morel,

La Fontaine, « Le Savetier et le Financier » (1678)

L'épicurisme moderne de Jean de La Fontaine transparaît dans sa fable « Le Savetier et le Financier ». Ici, il s'agit de l'argent gelé, stocké (par opposition à l'argent liquide, dépensé pour la satisfaction des désirs), qui sème le trouble et ôte à l'âme le bonheur du repos.

Le Savetier et le Financier

Un Savetier [1] chantait du matin jusqu'au soir :
C'était merveilles de le voir,
Merveilles de l'ouïr ; il faisait des passages [2],
Plus content qu'aucun des sept sages [3].
Son voisin au contraire, étant tout cousu d'or [4],
Chantait peu, dormait moins encor.
C'était un homme de finance.
Si sur le point du jour parfois il sommeillait,
Le Savetier alors en chantant l'éveillait,
Et le Financier se plaignait
Que les soins de la Providence [5]
N'eussent pas au marché fait vendre le dormir,
Comme le manger et le boire.
En son hôtel il fait venir
Le chanteur, et lui dit : Or çà, sire Grégoire,
Que gagnez-vous par an ? – Par an ? Ma foi, Monsieur,
Dit avec un ton de rieur
Le gaillard Savetier, ce n'est point ma manière
De compter de la sorte ; et je n'entasse guère
Un jour sur l'autre : il suffit qu'à la fin
J'attrape le bout de l'année :
Chaque jour amène son pain.
– Eh bien que gagnez-vous, dites-moi, par journée ?
– Tantôt plus, tantôt moins : le mal est que toujours,
(Et sans cela nos gains seraient assez honnêtes),

---

1. ***Savetier*** : cordonnier.
2. ***Passages*** : en musique, vocalises ou harmonies.
3. ***Sept sages*** : nom des sept personnages, philosophes ou hommes politiques, qui, au VIe siècle avant J.-C., contribuèrent au rayonnement de la civilisation grecque.
4. ***Cousu d'or*** : riche. Il s'agit d'une allusion aux pièces d'or cachées dans les coutures des vêtements.
5. ***Providence*** : sagesse avec laquelle Dieu gouvernerait le monde.

Le mal est que dans l'an s'entremêlent des jours
  Qu'il faut chommer[1] ; on nous ruine en Fêtes.
L'une fait tort à l'autre ; et Monsieur le Curé
De quelque nouveau Saint charge toujours son prône[2].
Le Financier riant de sa naïveté
Lui dit : Je vous veux mettre aujourd'hui sur le trône.
Prenez ces cent écus : gardez-les avec soin,
    Pour vous en servir au besoin.
Le Savetier crut voir tout l'argent que la Terre
    Avait depuis plus de cent ans
    Produit pour l'usage des gens.
Il retourne chez lui : dans sa cave il enserre
    L'argent et sa joie à la fois.
    Plus de chant ; il perdit la voix
Du moment qu'il gagna ce qui cause nos peines.
    Le sommeil quitta son logis,
    Il eut pour hôtes les soucis,
    Les soupçons, les alarmes vaines.
Tout le jour il avait l'œil au guet ; et la nuit,
    Si quelque chat faisait du bruit,
Le chat prenait l'argent : à la fin le pauvre homme
S'en courut chez celui qu'il ne réveillait plus.
Rendez-moi, lui dit-il, mes chansons et mon somme,
    Et reprenez vos cent écus.

Jean de La Fontaine, *Fables*, livre VIII, fable II,
Flammarion, coll. « Étonnants Classiques »,
p. 129-131.

1. ***Chommer*** (= chômer) : ne pas travailler.
2. ***Prône*** : sermon du prêtre. Les fêtes des saints sont annoncées dans le prône pendant la messe du dimanche.

Place au débat

1. Quels points communs pouvez-vous établir entre le texte d'Épicure et la vie du Savetier dans la fable de La Fontaine ?
2. Lisez en binôme la fable de La Fontaine (p. 131-132) et l'extrait du poème « Le Mondain » de Voltaire (ci-dessous). Dans un tableau à deux colonnes, reportez les arguments qui s'opposent.
3. En vous inspirant des réponses précédentes et des stratégies déployées par les auteurs (questions rhétoriques, exemples, énumérations, ironie...), débattez avec votre binôme de la question « L'argent fait-il le bonheur ? ».

Voltaire, extrait du « Mondain » (1736)

Plus de dix ans avant le pessimisme à l'œuvre dans *Memnon*, Voltaire affiche dans son poème « Le Mondain » un optimisme insolent. Prenant à contre-pied la morale et les valeurs chrétiennes, le poète matérialiste inscrit dans son époque, « l'âge de fer[1] », un bonheur terrestre fait de luxe, de confort et de plaisirs.

Le Mondain[2]

Regrettera qui veut le bon vieux temps,
Et l'Âge d'or, et le Règne d'Astrée[3],
Et les beaux jours de Saturne[4] et de Rhée[5],
Et le jardin de nos premiers parents[6].

---

1. ***L'âge de fer*** : allusion aux quatre âges de l'humanité dans la mythologie antique. Le dernier d'entre eux, l'âge de fer, est caractérisé par une recrudescence des crimes et excès en tous genres.
2. ***Mondain*** : ici, personne attachée à son confort personnel et aux apparences.
3. ***Astrée*** : déesse grecque de la Justice.
4. ***Saturne*** : le règne de Saturne (et de son épouse Rhéa ou Rhée) désigne l'âge d'or, le premier âge, celui de la liesse et de l'abondance.
5. ***Rhée*** ou ***Rhéa*** : dans la mythologie, fille d'Ouranos (le ciel) et de Gaïa (la Terre), femme de Cronos, et mère notamment de Zeus et de Poséidon.
6. ***Le jardin de nos premiers parents*** : allusion au jardin d'Éden. Voltaire mêle la mythologie gréco-romaine et la Bible.

Moi, je rends grâce à la nature sage
Qui, pour mon bien, m'a fait naître en cet âge
Tant décrié par nos pauvres Docteurs[1] ;
Ce temps profane est tout fait pour mes mœurs.
J'aime le luxe et même la mollesse,
Tous les plaisirs, les arts de toute espèce,
La propreté, le goût, les ornements :
Tout honnête homme a de tels sentiments.
Il est bien doux pour mon cœur très immonde
De voir ici l'abondance à la ronde,
Mère des Arts et des heureux travaux,
Nous apporter, de sa source féconde,
Et des besoins et des plaisirs nouveaux.
L'or de la terre, et les trésors de l'onde[2],
Leurs Habitants et les Peuples de l'air,
Tout sert au luxe, aux plaisirs de ce monde :
Oh, le bon temps que ce siècle de fer !
Le superflu, chose très nécessaire,
A réuni l'un et l'autre hémisphère :
Voyez-vous par les agiles vaisseaux
Qui, du Texel[3], de Londres, de Bordeaux,
S'en vont chercher, par un heureux échange,
De nouveaux biens, nés aux sources du Gange[4] ;
Tandis qu'au loin, vainqueurs des Musulmans,
Nos vins de France enivrent les Sultans.
Quand la nature était dans son enfance,
Nos bons Aïeux vivaient dans l'ignorance,
Ne connaissant ni le tien ni le mien[5] :
Qu'auraient-ils pu connaître, ils n'avaient rien,

1. ***Docteurs*** : ici, savants, érudits.
2. ***L'onde*** : la mer.
3. ***Texel*** : île des Pays-Bas.
4. ***Gange*** : fleuve du Nord de l'Inde.
5. ***Ne connaissant ni le tien ni le mien*** : la propriété privée n'existant pas.

Ils étaient nus ; et c'est chose très claire
Que qui n'a rien n'a nul partage à faire.
[...]

Voltaire, « Le Mondain », Bibliothèque nationale de France, monographie imprimée (orthographe modernisée), 1736.

Place au débat

1. En réunissant les idées et les arguments auxquels vous avez été sensible à la lecture du recueil, réfléchissez à ce dont dépend votre bonheur. De quel auteur des Lumières vous sentez-vous proche ?
2. Constituez des équipes de quatre ou cinq élèves et répartissez-vous les rôles : trois ou quatre auteurs des Lumières et un modérateur qui conduira la discussion en préparant des questions (un philosophe ou une dame qui tient salon, comme Mme d'Épinay ou Mlle de Lespinasse).
3. Il ne vous reste plus qu'à débattre avec vos amis philosophes, en respectant leurs temps de parole et en n'oubliant pas que des arguments bien construits, assortis d'exemples, auront plus de chance d'emporter l'adhésion du salon !

L'*Encyclopédie*, article « Bonheur » (1752)

L'article « Bonheur » de l'*Encyclopédie* s'inspire largement des réflexions de Bernard de Fontenelle (1657-1757), l'auteur d'un essai intitulé *Du bonheur*, paru en 1724.

Bonheur

Se prend ici pour un état, une situation telle qu'on en désirerait la durée sans changement ; et en cela le bonheur est différent du plaisir, qui n'est qu'un sentiment agréable, mais court et passager, et qui ne peut jamais être un état. La douleur aurait bien plutôt le privilège d'en pouvoir être un.

Tous les hommes se réunissent dans le désir d'être heureux. La nature nous a fait à tous une loi de notre propre bonheur. Tout ce qui n'est point bonheur nous est étranger : lui seul a un pouvoir marqué sur notre cœur ; nous y sommes tous entraînés par une pente rapide, par un charme puissant, par un attrait vainqueur ; c'est une impression ineffaçable de la nature qui l'a gravé dans nos cœurs, il en est le charme et la perfection.

Les hommes se réunissent encore sur la nature du bonheur. Ils conviennent tous qu'il est le même que le plaisir ou du moins qu'il doit au plaisir ce qu'il a de plus piquant et de plus délicieux. Un bonheur que le plaisir n'anime point par intervalles, et sur lequel il ne verse pas ses faveurs, est moins un vrai bonheur qu'un état et une situation tranquille : c'est un triste bonheur que celui-là. Si l'on nous laisse dans une indolence [1] paresseuse, où notre activité n'ait rien à saisir, nous ne pouvons être heureux. Pour remplir nos désirs, il faut nous tirer de cet assoupissement où nous languissons [2] ; il faut faire couler la joie jusqu'au plus intime de notre cœur, l'animer par des sentiments agréables, l'agiter par de douces secousses, lui imprimer des mouvements délicieux, l'enivrer des transports [3] d'une volupté pure, que rien ne puisse altérer. Mais la condition humaine ne comporte point un tel état : tous les moments de notre vie ne peuvent pas être filés par les plaisirs. L'état le plus délicieux a beaucoup d'intervalles languissants. Après que la première vivacité du sentiment s'est éteinte, le mieux qui puisse lui arriver, c'est de devenir un état tranquille. Notre bonheur le plus parfait, dans cette vie, n'est donc, comme nous l'avons dit au commencement de cet article, qu'un état tranquille, semé çà et là de quelques plaisirs qui en égaient le fond. [...]

On peut lire dans M. de Fontenelle les réflexions solides et judicieuses qu'il a écrites sur le bonheur. Quoique notre bonheur ne dépende pas en tout de nous, parce que nous ne sommes pas les

---

1. ***Indolence*** : voir note 1, p. 65.
2. ***Languissons*** : dépérissons.
3. ***Transports*** : ici, émotions vives.

maîtres d'être placés par la fortune dans une condition médiocre, la plus propre de toutes pour une situation tranquille, et par conséquent pour le bonheur, nous y pouvons néanmoins quelque chose par notre façon de penser.

Article « Bonheur » (auteur anonyme), *Encyclopédie*, encyclopédie.eu.

Sujet d'invention : définir le bonheur

À partir de la lecture de l'article de l'*Encyclopédie* et de vos propres réflexions, proposez votre définition personnelle du bonheur.

Jean Giono, *La chasse au bonheur* (1988)

Jean Giono (1895-1970) est célèbre pour ses romans et ses chroniques qui, dans des paysages provençaux pleins de beauté et de vie, interrogent la condition humaine. Rédigée pour les journaux de 1966 à sa mort, sa chronique *La chasse au bonheur* propose un art de vivre simple et sensuel.

[Fabriquer le bonheur]

Tout le monde chasse au bonheur.

On peut être heureux partout.

Il y a seulement des endroits où il semble qu'on peut l'être plus facilement qu'à d'autres.

Cette facilité n'est qu'illusoire : ces endroits soi-disant privilégiés sont généralement beaux, et il est de fait que le bonheur a besoin de beauté, mais il est souvent le produit d'éléments simples. Celui qui n'est pas capable de faire son bonheur avec la simplicité ne réussira que rarement à le faire, et à le faire durable, avec l'extrême beauté.

On entend souvent dire : « Si j'avais ceci, si j'avais cela, je serais heureux », et l'on prend l'habitude de croire que le bonheur réside dans le futur et ne vit qu'en conditions exceptionnelles. Le bonheur habite le présent et le plus quotidien des présents ; il faut dire : « J'ai ceci, j'ai cela, je suis heureux. » Et même dire : « Malgré ceci et malgré cela, je suis heureux. »

Les éléments du bonheur sont simples, et ils sont gratuits, pour l'essentiel. Ceux qui ne sont pas gratuits finissent par donner une telle somme de bonheurs différents qu'au bout du compte ils peuvent être considérés comme gratuits.

Il n'est pas de condition humaine, pour humble ou misérable qu'elle soit, qui n'ait quotidiennement la proposition du bonheur : pour l'atteindre, rien n'est nécessaire que soi-même. Ni la Rolls, ni le compte en banque, ni Megève, ni Saint-Tropez ne sont nécessaires.

Au lieu de perdre son temps à gagner de l'argent ou telle situation d'où l'on s'imagine qu'on peut atteindre plus aisément les pommes d'or du jardin des Hespérides [1], il suffit de rester de plain-pied avec les grandes valeurs morales. Il y a un compagnon avec lequel on est tout le temps, c'est soi-même : il faut s'arranger pour que ce soit un compagnon aimable. Qui se méprise ne sera jamais heureux et, cependant, le mépris lui-même est un élément de bonheur : mépris de ce qui est laid, de ce qui est bas, de ce qui est facile, de ce qui est commun, dont on peut sortir quand on veut à l'aide de sens.

Dès que les sens sont suffisamment aiguisés, ils trouvent partout ce qu'il faut pour découper les minces lamelles destinées au microscope du bonheur. Tout est de grande valeur : une foule, un visage, des visages, une démarche, un port de tête, des mains, une main, la solitude, un arbre, des arbres, une lumière, la nuit, des escaliers, des corridors, des bruits de pas, des rues désertes, des fleurs, un fleuve, des plaines, l'eau, le ciel, la terre, le feu, la mer, le battement d'un cœur, la pluie, le vent, le soleil, le chant du monde, le froid, le chaud, boire, manger, dormir, aimer. Quand l'homme s'est fait une nature

---

1. ***Jardin des Hespérides*** : dans la mythologie grecque, le onzième des travaux d'Hercule consiste à voler les pommes d'or gardées par les Hespérides, nymphes d'un verger fabuleux.

capable de fabriquer le bonheur, il le fabrique quelles que soient les circonstances, comme il fabrique des globules rouges.

Jean Giono, *La chasse au bonheur*,
© Éditions Gallimard, coll. « Folio », 1991.

Entraînement à la dissertation

Mme du Châtelet écrit : « Je crois faire une bonne définition en disant que le plus heureux des hommes est celui qui désire le moins le changement de son état » (p. 62, l. 422-424).
Mme du Châtelet a-t-elle raison ? Vous discuterez sa définition en puisant des arguments et des exemples dans les textes du recueil.

Quand les femmes dénoncent leur condition

(groupement de textes n° 2)

Dans l'histoire des idées, les femmes n'ont que de très rares fois pris la parole pour énoncer leur propre conception du bonheur, bien souvent réduite aux discours masculins sur la question. Le *Discours sur le bonheur* dénonce l'inégalité des sexes dans une société qui interdit aux femmes toute ambition, carrière et gloire, et les cantonne à l'étude, pour les plus chanceuses d'entre elles. Au même siècle, Mme de Graffigny (1695-1758) et le dramaturge Marivaux (1688-1763) dénoncent également, à travers le prisme de la fiction, la mainmise des hommes sur les institutions et les organes du pouvoir. Au XIXe et XXe siècles, George Sand (1804-1876) et Simone de Beauvoir (1908-1986) ont révélé, dans leurs romans aussi bien que dans leurs actions et écrits politiques, la façon dont l'éducation et les lois, forgées par les hommes, ont créé et maintenu la domination de ces derniers dans la société. Ces textes, pour certains d'une grande actualité, montrent les logiques du pouvoir et les préjugés à l'encontre des femmes dans la société française du XVIIIe siècle à nos jours.

Marivaux, *La Colonie* (1729)

Sur une île utopique où ils ont trouvé refuge, des hommes s'apprêtent à instaurer de nouvelles lois. C'est compter sans la révolte des femmes, menées par Arthénice et Mme Sorbin, qui ont inscrit leurs propres règles sur une affiche.

Scène 13

[...]

HERMOCRATE. – Mais qu'est-ce que c'est que cette mauvaise plaisanterie-là ? Parlez-leur donc, seigneur Timagène, sachez de quoi il est question.

TIMAGÈNE – Voulez-vous bien vous expliquer, madame ?

MME SORBIN. – Lisez l'affiche, l'explication y est.

ARTHÉNICE. – Elle vous apprendra que nous voulons nous mêler de tout, être associées à tout, exercer avec vous tous les emplois, ceux de finance, de judicature [1], d'épée.

HERMOCRATE. – D'épée, madame ?

ARTHÉNICE. – Oui, d'épée, monsieur ; sachez que jusqu'ici nous n'avons été poltronnes que par éducation.

MME SORBIN. – Mort de ma vie ! Qu'on nous donne des armes, nous serons plus méchantes que vous ; je veux que dans un mois nous maniions le pistolet comme un éventail : je tirai ces jours passés sur un perroquet, moi qui vous parle.

ARTHÉNICE. – Il n'y a que de l'habitude à tout.

MME SORBIN. – De même qu'au Palais à tenir audience, à être Présidente, Conseillère, Intendante, Capitaine ou Avocate.

UN HOMME. – Des femmes avocates ?

---

1. ***Judicature*** : tout ce qui concerne les professions de justice.

MME SORBIN. – Tenez donc, c'est que nous n'avons pas la langue assez bien pendue, n'est-ce pas ?

ARTHÉNICE. – Je pense qu'on ne nous disputera pas le don de la parole.

HERMOCRATE. – Vous n'y songez pas, la gravité de la magistrature et la décence du barreau ne s'accorderaient jamais avec un bonnet carré [1] sur une cornette [2] !

ARTHÉNICE. – Et qu'est-ce que c'est qu'un bonnet carré, messieurs ? Qu'a-t-il de plus important qu'une autre coiffure ? D'ailleurs, il n'est pas de notre bail, non plus que votre Code ; jusqu'ici c'est votre justice et non la nôtre ; qui va comme il plaît à nos beaux yeux quand ils veulent s'en donner la peine, et si nous avons part à l'institution des lois, nous verrons ce que nous ferons de cette justice-là, aussi bien que du bonnet carré, qui pourrait bien devenir octogone si on nous fâche ; la veuve ni l'orphelin n'y perdront rien.

UN HOMME. – Et ce ne sera pas la seule coiffure que nous tiendrons de vous [3]...

MME SORBIN. – Ah ! la belle pointe d'esprit ; mais finalement, il n'y a rien à rabattre, sinon lisez notre édit, votre congé est au bas de la page. [...]

Marivaux, *La Colonie*, Pocket, 2005, scène 13.

Mme de Graffigny, *Lettres d'une Péruvienne* (1747)

Dans ses *Lettres d'une Péruvienne*, grand succès de librairie au XVIIIe siècle, Mme de Graffigny s'inspire du style épistolaire et de l'exotisme des *Lettres persanes* de Montesquieu pour dénoncer les

1. ***Bonnet carré*** : bonnet de juge.
2. ***Cornette*** : coiffe féminine.
3. ***Et ce ne sera pas la seule coiffure que nous tiendrons de vous*** : allusion aux cornes des maris trompés.

défauts de la société française sous la plume de Zilia, jeune Péruvienne exilée en France. L'héroïne écrit à son frère Aza resté au Pérou.

[Lettre XXXIV]

Je ne sais quelles sont les suites de l'éducation qu'un père donne à son fils : je ne m'en suis pas informée. Mais je sais que du moment que les filles commencent à être capables de recevoir des instructions, on les enferme dans une maison religieuse, pour leur apprendre à vivre dans le monde ; que l'on confie le soin d'éclairer leur esprit à des personnes auxquelles on ferait peut-être un crime d'en avoir, et qui sont incapables de leur former le cœur qu'elles ne connaissent pas. [...] Régler les mouvements du corps, arranger ceux du visage, composer l'extérieur, sont les points essentiels de l'éducation. C'est sur les attitudes plus ou moins gênantes de leurs filles que les parents se glorifient de les avoir bien élevées. [...]

Quand tu sauras qu'ici l'autorité est entièrement du côté des hommes, tu ne douteras pas, mon cher Aza, qu'ils ne soient responsables de tous les désordres de la société. Ceux qui, par une lâche indifférence, laissent suivre à leurs femmes le goût qui les perd, sans être les plus coupables, ne sont pas les moins dignes d'être méprisés ; mais on ne fait pas assez d'attention à ceux qui, par l'exemple d'une conduite vicieuse et indécente, entraînent leurs femmes dans le dérèglement, ou par dépit ou par vengeance. Et en effet, mon cher Aza, comment ne seraient-elles pas révoltées contre l'injustice des lois qui tolèrent l'impunité des hommes, poussée au même excès que par leur autorité ? Un mari, sans craindre aucune punition, peut avoir pour sa femme les manières les plus rebutantes, il peut dissiper en prodigalités [1], aussi criminelles qu'excessives, non seulement son bien, celui des enfants, mais même celui de la victime qu'il fait gémir par l'indigence [2], par une avarice pour les dépenses honnêtes, qui

---

1. ***Prodigalités*** : dépenses excessives, largesses.
2. ***Indigence*** : pauvreté. Autrement dit, le mari dépense sans compter pour ses maîtresses, tandis qu'il restreint durement le budget de son ménage.

s'allie très communément ici avec la prodigalité. Il est autorisé à punir rigoureusement l'apparence d'une légère infidélité, en se livrant sans honte à toutes celles que le libertinage lui suggère. Enfin, mon cher Aza, il semble qu'en France les liens du mariage ne soient réciproques qu'au moment de la célébration, et que dans la suite les femmes seules y doivent être assujetties [1].

Françoise de Graffigny, *Lettres d'une Péruvienne*,
Flammarion, coll. « Étonnants Classiques », 2005, XXXIV.

George Sand, *Histoire de ma vie* (1855)

George Sand, de son vrai nom Aurore Dupin, prit un pseudonyme masculin pour écrire et vivre de sa plume à une époque où l'accès des femmes à un métier intellectuel et à une indépendance financière était restreint. Journaliste, romancière, militante, elle a combattu courageusement pour défendre ses idées. Dans son récit autobiographique *Histoire de ma vie*, elle interroge la façon dont l'éducation entretient la position d'infériorité des femmes dans la société.

[L'infériorité morale en question]

En méditant Montaigne [2] [...], je m'étais souvent sentie humiliée d'être femme, et j'avoue que dans toute lecture d'enseignement philosophique, même dans les livres saints, cette infériorité morale attribuée à la femme a révolté mon jeune orgueil.

« Mais cela est faux ! m'écriais-je ; cette ineptie et cette frivolité [3] que vous nous jetez à la figure, c'est le résultat de la mauvaise éducation à laquelle vous nous avez condamnées, et vous aggravez le mal en le constatant. Placez-nous dans de meilleures conditions, placez-y les hommes aussi ; faites qu'ils soient purs, sérieux et forts de volonté, et vous verrez bien que nos âmes sont sorties semblables des mains du créateur. »

---

1. ***Assujetties*** : soumises.
2. ***Montaigne*** : voir présentation, p. 20
3. ***Cette ineptie et cette frivolité*** : cette stupidité et cette superficialité.

Puis, m'interrogeant moi-même et me rendant bien compte des alternatives de langueur et d'énergie, c'est-à-dire de l'irrégularité de mon organisation [1] essentiellement féminine, je voyais bien qu'une éducation rendue un peu différente de celle des autres femmes par des circonstances fortuites [2] avait modifié mon être ; que mes petits os s'étaient endurcis à la fatigue, ou bien que ma volonté, développée par les théories stoïciennes de Deschartres [3] d'une part et les mortifications chrétiennes [4] de l'autre, s'était habituée à dominer souvent les défaillances de la nature. Je sentais bien aussi que la stupide vanité des parures [5], pas plus que l'impur désir de plaire à tous les hommes, n'avaient de prise sur mon esprit, formé au mépris de ces choses par les leçons et les exemples de ma grand-mère. Je n'étais donc pas tout à fait une femme comme celles que censurent et raillent les moralistes ; j'avais dans l'âme l'enthousiasme du beau, la soif du vrai, et pourtant j'étais bien une femme comme toutes les autres, souffreteuse, nerveuse, dominée par l'imagination, puérilement accessible aux attendrissements et aux inquiétudes de la maternité. Cela devait-il me reléguer à un rang secondaire dans la création et dans la famille ? Cela étant réglé par la société, j'avais encore la force de m'y soumettre patiemment ou gaiement. Quel homme m'eût donné l'exemple de ce secret héroïsme [6] qui n'avait que Dieu pour confident des protestations de la dignité méconnue ?

Que la femme soit différente de l'homme, que le cœur et l'esprit aient un sexe, je n'en doute pas. Le contraire fera toujours exception ; même en supposant que notre éducation fasse les progrès nécessaires

---

1. ***Mon organisation*** : ici, ma constitution physique.

2. ***Fortuites*** : dues au hasard. George Sand a mené une enfance très libre chez sa grand-mère, à la campagne.

3. ***Jean Louis François Deschartres*** (1761-1828) : le précepteur de George Sand, qui lui a enseigné le stoïcisme (voir note 3, p. 24).

4. ***Les mortifications chrétiennes*** : les souffrances et privations imposées en pénitence.

5. ***La stupide vanité des parures*** : l'inutilité des vêtements et bijoux qui flattent notre image et notre amour-propre.

6. ***Ce secret héroïsme*** : George Sand fait allusion à son propre héroïsme.

(je ne la voudrais pas semblable à celle des hommes), la femme sera toujours plus artiste et plus poète dans sa vie, l'homme le sera toujours plus dans son œuvre. Mais cette différence, essentielle pour l'harmonie des choses et pour les charmes les plus élevés de l'amour, doit-elle constituer une infériorité morale ?

George Sand, *Histoire de ma vie*, éd. Wolfgang Gerhard, 1855, t. III, chapitre XXVI.

Simone de Beauvoir, *Le Deuxième Sexe* (1949)

À sa parution en 1949, *Le Deuxième Sexe* fait scandale. Simone de Beauvoir y explique qu'« être femme » n'est ni une condition, ni une nature, mais une construction culturelle et sociale. Elle déboute de nombreux préjugés sur les caractéristiques attribuées aux femmes, à commencer par « l'instinct maternel ». Au-delà de l'essai philosophique, il s'agit d'un livre de combat, qui invite les femmes à se libérer de la domination masculine afin de s'accomplir pleinement en tant qu'individus.

La femme indépendante

Comment les femmes auraient-elles jamais eu du génie alors que toute possibilité d'accomplir une œuvre géniale – ou même une œuvre tout court – leur était refusée ? La vieille Europe a naguère accablé de son mépris les Américains barbares qui ne possédaient ni artistes ni écrivains : « Laissez-nous exister avant de nous demander de justifier notre existence », répondit en substance Jefferson [1]. Les Noirs font les mêmes réponses aux racistes qui leur reprochent de n'avoir produit ni un Whitman ni un Melville [2]. Le prolétariat [3] français ne peut non plus opposer aucun nom à ceux de Racine ou de

1. ***Thomas Jefferson*** (1743-1826) : troisième président des États-Unis.
2. ***Walt Whitman*** (1819-1892) et ***Herman Melville*** (1819-1891) : célèbres poète et romancier américains. Melville est l'auteur de *Moby Dick*.
3. ***Le prolétariat*** : les ouvriers exploités par le système capitaliste.

Mallarmé[1]. La femme libre est seulement en train de naître ; quand elle se sera conquise, peut-être justifiera-t-elle la prophétie de Rimbaud : « Les poètes seront ! Quand sera brisé l'infini servage[2] de la femme, quand elle vivra pour elle et par elle, l'homme – jusqu'ici abominable – lui ayant donné son renvoi, elle sera poète elle aussi ! La femme trouvera l'inconnu ! Ses mondes d'idées différeront-ils des nôtres ? Elle trouvera des choses étranges, insondables, repoussantes, délicieuses, nous les prendrons, nous les comprendrons. » Il n'est pas sûr que ces « mondes d'idées » soient différents de ceux des hommes puisque c'est en s'assimilant à eux qu'elle s'affranchira ; pour savoir dans quelle mesure elle demeurera singulière, dans quelle mesure ces singularités garderont de l'importance, il faudrait se hasarder à des anticipations bien hardies. Ce qui est certain, c'est que jusqu'ici les possibilités de la femme ont été étouffées et perdues pour l'humanité et qu'il est grand temps dans son intérêt et dans celui de tous qu'on lui laisse enfin courir toutes ses chances.

Simone de Beauvoir, *Le Deuxième Sexe*, © Éditions Gallimard, 1949, coll. « Folio essais », 1986, t. II, p. 641.

Entraînement à la question de synthèse

Quelles inégalités entre les sexes Marivaux, Mme de Graffigny, George Sand et Simone de Beauvoir dénoncent-ils ? Votre réponse, organisée en deux ou trois axes, prendra en compte les genres des textes.

Lecture d'image

Observez la planche de bande dessinée et la « super Nana » de Niki de Saint Phalle (voir p. 6-7 du cahier photos). En quoi ces œuvres illustrent-elles la thèse défendue par Simone de Beauvoir ?

1. ***Stéphane Mallarmé*** (1842-1898) : poète français, chef de file des symbolistes.
2. ***Servage*** : esclavage.

Sujet d'invention : « Libérez les corps, libérez l'esprit ! »

Écrivez une tribune qui dénonce les inégalités entre les sexes et invite, en France et dans le monde, à la libération des femmes. Vous pourrez vous appuyer sur les informations et les chiffres glanés lors d'une recherche multimédia (voir rubrique « Éducation aux médias et à l'information », p. 149-151).

Histoire des arts : l'utopie champêtre

Comment représenter le bonheur ? Si, depuis la Renaissance, le mythe de l'âge d'or est incarné par les dieux de la mythologie gréco-romaine, les peintres modernes s'affranchissent de cette règle. Beau coloriste et dessinateur exceptionnel, François Boucher (1703-1770) exerce une grande influence sur la peinture française et européenne avec son art rococo [1]. Ses scènes précieuses, empruntées à la mythologie ou aux amours pastorales, représentent la frivolité et l'élégance du règne de Louis XV (1715-1774). Ainsi, *Un été pastoral* (voir p. 1 du cahier photos), peint en 1749, reprend le motif des « fêtes galantes », à la mode depuis Watteau (1684-1721) : des personnes de haut rang se rencontrent dans un décor naturel. Le paysage n'est plus, comme sous le règne du Roi-Soleil, une manière de domestiquer la nature par la raison, mais le lieu idyllique et artificiel où peuvent s'exprimer les sentiments.
Un siècle et demi plus tard, Paul Signac (1863-1935) situe le mythe de l'âge d'or dans un cadre méditerranéen atemporel avec *Au temps*

1. ***Rococo*** : style en vogue au XVIIIe siècle, caractérisé par un foisonnement de détails et d'ornements, ainsi que des jeux de lumière et des trompe-l'œil.

d'harmonie (1893-1895, voir p. 3 du cahier photos). Mais sa toile porte aussi la trace d'un XIXe siècle marqué par le progrès technique et les courants socialistes utopistes qui aspirent à construire un avenir radieux. Le peintre, qui préfère les petites touches de couleurs aux aplats de la technique impressionniste, fait de sa grande toile une utopie libertaire tournée vers l'avenir, comme l'indiquent le sous-titre (« L'âge d'or n'est pas dans le passé, il est dans l'avenir ») ainsi que le titre initialement choisi : « Au temps d'anarchie ». À l'inverse, *La Joie de vivre* (1905-1906) d'Henri Matisse (1869-1954) peint un jardin d'Éden qui réunit les plaisirs du corps (la beauté et l'amour) et ceux de l'art. On reconnaît les couleurs franches et expressives propres au fauvisme [1], qui traduisent les émotions et les sensations, mais aussi un dessin simplifié et libéré des perspectives qui annonce le cubisme [2].

1. Observez, p. 1-4 du cahier photos, le décor, la couleur et la composition des trois tableaux suivants, créés à trois siècles différents : *Un été pastoral* de François Boucher, *Au temps d'harmonie* de Paul Signac et *La Joie de vivre* d'Henri Matisse. Quelles évolutions pouvez-vous repérer ? Quels sont les invariants ?

2. Comment les personnages sont-ils vêtus ? Quelles sont leurs activités ?

3. Quelle vision du bonheur chaque peintre offre-t-il, selon vous ? À quels textes ou passages ces œuvres vous font-elles songer ?

Représenter le bonheur

Et vous, comment dessineriez-vous le bonheur ?

1. ***Fauvisme*** : mouvement pictural dans lequel on trouve Matisse, mais aussi Derain et Gustave Moreau, qui émerge à partir de 1905 et dont les œuvres sont caractérisées par l'emploi de couleurs vives.

2. ***Cubisme*** : mouvement artistique du premier quart du XXe siècle caractérisé par l'utilisation de formes géométriques. On considère souvent que *Les Demoiselles d'Avignon* (1907) de Picasso est le premier tableau cubiste.

Éducation aux médias et à l'information (EMI)

Les Lumières 2.0

Rendez-vous sur le site Internet **expositions.bnf.fr/lumieres**, puis répondez aux questions suivantes.

L'influence des Lumières

1. Que signifie BNF ? D'après vous, le site mentionne-t-il suffisamment ses collaborateurs et ses sources ? Est-ce donc un site fiable ?

2. Depuis la page d'accueil, cliquez sur « pistes pédagogiques », puis sur « Lumières ! Un héritage pour demain ». Quels sont les grands combats des Lumières ? Comment expliquez-vous le titre « un héritage pour demain » ?

3. Visitez les différents onglets de la rubrique « arrêt sur... » (« l'Europe et les Lumières », « l'esprit des Lumières », « principes et idéaux »). Pourquoi peut-on dire que le mouvement des Lumières est européen ?

4. Dans la rubrique « En images », onglet « Rencontres », puis « bande dessinée », visionnez au choix l'interview de Plantu ou de Marjane Satrapi, puis répondez aux questions du tableau suivant.

Marjane Satrapi	Plantu
1. Comment définit-elle la laïcité ? **2.** Quelle est la seule chose en quoi Marjane Satrapi croit encore ? Pourquoi ?	**1.** Pourquoi Plantu rend-il hommage à Voltaire ? **2.** Quel est, selon lui, le rôle du dessin ? **3.** Choisissez une des illustrations que montre Plantu et commentez-la.

Zoom sur Mme du Châtelet

Consultez la piste pédagogique de la BNF consacrée à Mme du Châtelet, puis répondez aux questions suivantes.

1. Qu'a dû faire Mme du Châtelet pour fréquenter le café Gradot ? Pourquoi ?

2. Comparez cette biographie à celle proposée par le site du château de Cirey[1]. Quel autre personnage est mis en avant ?

3. Les informations sur Mme du Châtelet données sur les deux sites vous semblent-elles suffisantes ? Pourquoi ?

Femmes engagées et création artistique

Aux xxe et xxie siècles, de nombreuses femmes dénoncent la persistance de la domination masculine dans la société. On retrouve ainsi, dans les œuvres d'artistes comme Niki de Saint Phalle ou Louise Bourgeois (voir p. 6 du cahier photos), la traduction visuelle des combats énoncés par Simone de Beauvoir.
Sur le site de l'Ina (**www.ina.fr**), regardez l'interview du 3 février 1965 de l'artiste Niki de Saint Phalle[2] et celle de Simone de Beauvoir « Simone de Beauvoir et le féminisme[3] » (1975), puis répondez aux questions correspondantes.

1. « On ne naît pas femme, on le devient » : comment Simone de Beauvoir explique-t-elle sa phrase célèbre ? Comment justifie-t-elle la domination masculine ?

2. À quoi ressemble l'atelier de Niki de Saint Phalle ? Quels matériaux utilise-t-elle pour ses sculptures ? Que dit-elle du rapport entre les femmes et la création ?

---

1. www.chateaudecirey.com/histoire/
2. www.ina.fr/video/I10337771
3. fresques.ina.fr/jalons/parcours/0120

3. À partir de la vidéo sur l'exposition du Grand Palais [1], commentez la sculpture reproduite p. 6 du cahier photos.

4. Sur le site du Centre Pompidou [2], retrouvez l'analyse de la « femme-maison » de Louise Bourgeois et commentez la peinture reproduite p. 6 du cahier photos.

Place au débat

Les inégalités dénoncées par les auteurs du groupement de textes n° 2 (p. 139-146) sont-elles de l'histoire ancienne ?
Pour alimenter le débat, vous consulterez des sites institutionnels publics, tel que :
www.vie-publique.fr/politiques-publiques/droits-femmes/egalite-droits-femmes-sphere-privee/
Pour plus d'informations sur les inégalités hommes-femmes, rendez-vous sur le moteur de recherche de l'Insee (**www.insee.fr**), puis tapez « femmes et hommes » et consultez plus particulièrement le dossier « Femmes et hommes » de mars 2016, dans la rubrique « Publications grand public » (**www.insee.fr/fr/statistiques/1906670**).

1. www.grandpalais.fr/fr/article/niki-de-saint-phalle-lexposition
2. mediation.centrepompidou.fr/education/ressources/ENS-bourgeois/ENS-bourgeois.html

Un livre, un film

Alexandre le bienheureux d'Yves Robert (France, 1967)

Dans un petit village de la France des années 1960, un cultivateur tyrannisé par sa femme s'épuise à la tâche. Chaque jour, « la Grande » (Françoise Brion) impose à Alexandre (Philippe Noiret) une liste de travaux démesurés et lui gâche tous ses plaisirs. Lorsqu'elle meurt par accident, Alexandre décide de s'offrir un repos bien mérité. Dans ce conte étonnamment joyeux, le réalisateur Yves Robert (1920-2002) ne se borne pas à partager son amour pour la campagne de son enfance. Si la paresse subite d'Alexandre révolte le village, elle fait aussi tache d'huile... Empreint d'un discret anarchisme, le film a déjà un parfum de Mai 68[1] et propose, comme souvent chez Robert, une conception gaie et libertaire de l'existence. Par quels procédés l'écriture cinématographique fait-elle l'éloge paradoxal de l'oisiveté et réfléchit-elle aux conditions du bonheur ? Le bonheur est-il solitaire ou communautaire ? À bien des égards, le comportement d'Alexandre, son goût pour la tranquillité et les plaisirs simples traduisent à l'écran l'épicurisme[2] et le sensualisme[3] prônés par Mme du Châtelet et Saint-Lambert. Quant à la profession de foi hédoniste[4], au labeur agricole, et aux richesses et aux charmes de la nature mis en avant dans le film, ils rapprochent plus particulièrement Alexandre du conte poétique *Sara Th...*. À l'instar des auteurs des Lumières, Yves Robert interroge les préjugés et montre comment les valeurs et les interdits sociaux peuvent enfermer les individus, les aliéner et nuire à leur bonheur.

---

1. ***Mai 68*** : mouvement de contestation sociale qui partit d'une révolte étudiante et se propagea à toute la France en mai-juin 1968.
2. ***Épicurisme*** : voir note 4, p. 24.
3. ***Sensualisme*** : voir note 1, p. 30.
4. ***Hédoniste*** : qui recherche le plaisir.

■ Affiche du film *Alexandre le bienheureux* d'Yves Robert (1967), réalisée par Raymond Savignac.

Analyse d'ensemble

Une révolte anticonformiste

1. La remise en question du modèle social

– Quelles sont les causes du changement de vie d'Alexandre ? Comment son isolement est-il symbolisé à l'écran ? Quelles péripéties montrent que le nouveau mode de vie d'Alexandre déplaît aux villageois ?

– La bande-son du film oppose la fanfare au chant des oiseaux qui ravit Alexandre : expliquez comment la culture peut devenir un instrument de domination, voire d'aliénation des individus.

2. La satire sociale

Dans la lignée du moraliste Jean de La Bruyère (1645-1696), Yves Robert brosse souvent dans ses comédies (*Un éléphant ça trompe énormément*, 1976 ; *Nous irons tous au paradis*, 1977) un portrait ironique et sans complaisance de ses contemporains.
Peu à peu, les villageois se disputent au sujet d'Alexandre : quels arguments mettent-ils en avant ? Comment expliquez-vous le changement moral de certains villageois ? et en particulier celui d'Agathe (Marlène Jobert) ?

3. L'éloge de l'amitié

Solitude ou communauté ? Le thème de l'amitié hante le cinéma d'Yves Robert, qui reste fidèle aux talents qu'il a découverts : ici, Philippe Noiret et Pierre Richard, le futur héros de sa comédie *Le Grand Blond avec une chaussure noire* (1972).

– Les amis d'Alexandre réagissent de manières diverses à son nouveau mode de vie : en quoi ces différentes attitudes peuvent-elles nous faire réfléchir à ce qu'est l'amitié ?

– À cet égard, quelles qualités le chien d'Alexandre possède-t-il ?

L'éloge des plaisirs simples

1. Savourer la vie

Chez lui et au village, quels sont les plaisirs d'Alexandre ? Comment la mise en scène les met-elle en valeur ?

2. Une utopie pastorale

Comment la caméra, la bande-son et les gestes d'Alexandre soulignent-ils les beautés et les charmes de la campagne ?

Une utopie joyeuse

1. Un schéma narratif efficace

En combien de parties diviseriez-vous le film ? Quel est l'effet de cette structure narrative ?

2. Le merveilleux

Relevez quelques gags et scènes cocasses : comment le rire participe-t-il du conte ? Y a-t-il d'autres éléments propres au merveilleux dans le film ?

3. De la difficulté d'être heureux et libre...

Depuis le début du film, quels sont les obstacles au bonheur d'Alexandre ? Le dénouement est-il réaliste ? Comment l'interprétez-vous ?

Analyse de séquence : une partie de pêche (de 1.12.20 à 1.20.10)

Après avoir dormi pendant deux mois, Alexandre se résout, sous la pression des villageois menés par Sanguin, à quitter son lit... Mais c'est pour mieux s'amuser en plein air, avec son chien.

Un homme singulier dans un monde utopique

1. Un homme marginal

Quels indices, dans son discours et ses mœurs, signalent l'originalité d'Alexandre ?

2. Un épicurien contemporain

Dans cette séquence, quels plaisirs font le bonheur d'Alexandre ?

3. Un monde féerique

Quels éléments relèvent du merveilleux ? Quels gags prêtent à sourire ?

Un contre-modèle social

1. La morale indignée

Quelles péripéties montrent que l'insouciance d'Alexandre sème la zizanie chez les agriculteurs ? Pourquoi Sanguin (l'homme à lunettes) n'est-il pas content ? Comment la mise en scène le discrédite-t-elle ?

2. Une joyeuse camaraderie

Que partagent Alexandre et ses amis rebelles ?

Une nature paradisiaque

1. Un cadre idyllique

Quels plans suggèrent l'harmonie entre l'homme et la nature ? À quoi voit-on qu'elle est généreuse et accueillante ?

2. *Une « fête galante[1] »*

Quelle relation nouent Alexandre et Agathe, la jeune femme aux yeux verts qui travaille à l'épicerie ? En quoi pourrait-on y voir une récriture du jardin d'Éden ?

1. Voir « Histoire des arts », p. 147.

Cet ouvrage a été mis en page par

<pixellence>

Imprimé à Barcelone par:

CPi
BLACK PRINT